优雅女人的投资理财书

孙豆豆◎著

黑龙江教育出版社

图书在版编目（CIP）数据

优雅女人的投资理财书 / 孙豆豆著. -- 哈尔滨：黑龙江教育出版社, 2017.2
（读美文库）
ISBN 978-7-5316-9132-7

Ⅰ.①优… Ⅱ.①孙… Ⅲ.①女性-私人投资-通俗读物 Ⅳ.①F830.59-49

中国版本图书馆CIP数据核字（2017）第041209号

优雅女人的投资理财书
Youya Nüren De Touzi Licaishu
孙豆豆 **著**

责任编辑 曾令欣
装帧设计 MM末末美书
责任校对 王 岩
出版发行 黑龙江教育出版社
（哈尔滨市南岗区花园街158号）
印　　刷 保定市西城胶印有限公司
开　　本 880毫米×1230毫米 1/32
印　　张 7
字　　数 140千
版　　次 2017年7月第1版
印　　次 2017年7月第1次印刷

书　　号 ISBN 978-7-5316-9132-7 **定　　价** 26.80元

黑龙江教育出版社网址：www.hljep.com.cn
如需订购图书，请与我社发行中心联系。联系电话：0451-82533097 82534665
如有印装质量问题，影响阅读，请与我公司联系调换。联系电话：010-64926437
如发现盗版图书，请向我社举报。举报电话：0451-82533087

前言 PREFACE

女人要有钱！女人有钱能让自己更美丽；女人有钱才能够真正独立不再依靠男人；女人有钱可以环游世界；女人有钱可以帮助很多人；女人有钱可以过自己想要的生活……现代社会，无论你选择哪一种生活方式，要想过得幸福、美满，都离不开金钱这个坚实后盾！

《圣经》说：“不要太贫穷，否则会丢了神的脸。”本书教你如何做一个有钱的女人，如何去理财，如何让自己活得更精彩。

在诱惑越来越多的现代社会，女人拥有一张“长期饭票”的概率越来越低。当婚姻破碎了，金钱纠纷很容易导致男女双方恶言相向，受害的一方往往是女人。

即使婚姻幸福的女人，也有机会单独面对现实人生，因为女性普遍比男性长寿八至十岁，年轻守寡的事也时有见闻。因此，女人要有钱，并不仅仅是要追求享乐，而是重在追求生命的尊严。

年轻的时候，女人总是逃避现实，不愿意去想倒霉的事情。

等到问题发生了才临时烧香，祈求上苍眷顾，帮忙降福改运。其实，如果尽早学会理财，为没有依靠的日子做好准备，命运就可以随时掌握在女人自己的手中。

女人应该尽早开始投资和储蓄，起步越早，成功的机会越大。越年轻，开始充实这方面的常识越有利。在能力范围内牺牲物质享受，学会精打细算，为未来做准备，不要甘于贫穷，才能拥有真正的自由。当然，也不可为了金钱而不择手段。

你还要学会消费，学会把钱花在刀刃上。乱花钱的女人比比皆是，但是，会花钱的女人却少之又少。你要做的，就是成为这少之又少的女人中的一个。买自己需要的，买适合自己的，买有用的！这样，你才不会“月月光”，才有好的心情去旅游、去工作、去交际，成为一个理性消费并会享受生活的女人。

你还需要给自己充电，学习理财知识，掌握理财技巧，提高自己的财商。懂得理财知识和技能的女人，脸上会比常人更多一份自信和坦然。这样的女人不会盲目投资，她们会适时而动，在最合适的时候果断出手，让自己的财富迅速增值。你也要做这样一种女人，懂得理财知识，有理财智慧，成为一个优雅且有实力的女人。

懂得理财的女人，有能力将金钱、亲情、友情、爱情全都牢牢握在手中，享受最丰盈、最美丽的生命状态，成为一个最幸福的女人。

现代女人就是要有钱，有钱的女人会更幸福！

目录 CONTENTS

第一章 CHAPTER 1

有财力的女人，才能活出优雅

女人有财力，意味着什么？意味着可以让女人做自己想做的事，可以让生活更有品位更优雅，可以让别人更尊重更欣赏自己，更容易实现自己的价值！但最重要的还是，财力能让自己很快乐，并且可以通过方方面面来表达自己的快乐！

告别经济依赖，女人活得有尊严

钱的好处，已经不用多说了。尤其是对于女人来说，钱的魅力更大，有钱的女人与没钱的女人相比，其间的差别就更加扩大了。很多女人在婚后就开始围着老公孩子转，不知道钱对自己的意义在哪里。于是，慢慢地，这些女人就麻木了，从一个主动使用金钱的女人，变成一个苦苦地哀求金钱的怨妇。在这个过程中，贫穷女人与富裕女人之间的差别让人不得不感叹。

当然，我们并不是说有钱就一定万能，尊严是一种由内而发的情愫，而这种由内而发的情愫，如果没有足够的地基，就肯定难以显现在我们脸上了。如果没有钱，可能很多女人在看见富人或者名贵的金银珠宝时，都会不自觉地低下头；如果没有钱，可能很多女人在长期伸手向丈夫要钱时，都会有一些不好意思；如果没有钱，可能女人一旦遭遇婚姻变故，便会一无所有，只剩两行清泪……也许，钱并不一定能给我们带来尊严，但是，钱一定可以使我们藏在心底的尊严敢于爬上脸庞，骄傲地展现给世人看，钱一定能够让我们活得更有尊严。

“我富有过，我穷过，因此我知道，有钱比较好过！”

这是美国一家投资银行及证券管理公司董事长朱蒂·瑞斯尼克用她的一生证明的一句话。这位女董事长的命运有着我们无法想象的坎坷：从富有的千金到落魄的离婚女人；从亲情围绕到所有亲人一个个残酷地离去；从健康美丽到两次身患癌症，人老珠黄；从生活阳光到整日酗酒嗑药。人生的大起大落、大喜大悲，就这样残酷地发生在这个有两个女儿的母亲身上。在她40岁的时候，她已经没有了青春，更痛苦的是，命运在这个时候，让她失去了丈夫。没有了家庭，也没有了退路，在“再找个长期饭票”和“自己站起来”这两个声音中，她选择了后者，从证券公司的临时业务员开始她新的生活。在这个清一色都是男业务员的证券行业，她以独到的眼光与重视小客户的热诚，为自己开创了一条生路。从此，她的事业越做越大，10年时间，她成为一家著名投资银行的董事长。在种种经历过后，她深深明白了一个道理：钱虽不能买来一切，但却可以买来尊严和自由。

我们不能用钱来定义这个女人的一生，但是，我们可以从她的经历中看到钱的意义。钱让她有了面对困难时生活下去的动力，让她的人生达到了一个新的高度，让她在失去所有之后又追回了一切。这是一个好命的女人？不，我们只能说她是一个用自己的经历鉴定了钱的意义的女人。在她用金钱为自己买来尊严和自由的时候，我们很多人却因为钱而被人鄙视，心底总是被戳出一块块难言的伤疤。

有这样一部小说：

一位法学院毕业的女大学生在某小镇检察院实习的时候，与其中的一位有家室的检察官产生了一段婚外情。实习期结束之后，女大学生来到上海，在一家律师事务所工作。几年之后，她已是小有成就的律师，有车有房，生活无忧。

她一直没有成家，因为她忘不了那个让自己刻骨铭心的情人，于是她打电话联系那位检察官。恰巧那位检察官就在上海开会，女律师迫不及待地想去检察官下榻的宾馆。赴约之前，为了保持当初穷学生的模样，女律师刻意穿着大学时期留下来的廉价衣服，把自己打扮得像个下岗女工。

怀着激动而兴奋的心情，女律师来到宾馆，那位检察官已经两鬓斑白。见到她的那身打扮，检察官判断她的经济条件不会太好，就问她现在在做什么工作。女律师说没有工作，有时给朋友们打打杂，她还告诉他，自己还没有结婚。

检察官害怕了，他以为她是来找他要钱的，就意味深长地对她说："这次出差我也没有带多余的钱，恐怕要让你失望了。"女律师开始还不理解他说的话，等到明白之后，很是气愤和失望，原来他把她看作是靠出卖肉体谋生的女人了。

在女律师心目中，这位检察官一直与其他男人不同，她把他视为知己。没想到，多年之后，他竟然如此看自己。女律师很生气，起身就走，愤怒的她忘记了伪装，出门直奔自己的小轿车。

从后面追来的检察官看着她的车绝尘而去，不由暗骂自己“有眼无珠，得罪了贵人”。

虽然是小说，却折射出残酷的社会现实：一个女人穷困潦倒，即便是曾经的亲密恋人也未必会尊重你。

可见，钱对一个女人来说，意味着很多。告别依赖，创造财富吧，钱可以让你更体面、更有尊严地生活。

从现在起，发现女人的理财优势

有人说，男人决定一个家庭的生活水准，女人则决定这个家庭的生活品质。我们平时经常可以看到，两个收入水平和负担都差不多的家庭，生活品质有时却相差很大，这在很大程度上就跟女主人的投资理财能力有关系。

在理财工具多样化的今天，一位称职的母亲和妻子，其善于持家的基本内涵已不是节衣缩食，而是懂得支出有序、积累有度，在不断提高生活品质的基础上保证资产稳定增值，这就需要女人们掌握一些必要的投资理财技巧。

女性朋友们掌握理财技巧，对家庭的收入做出合理的规划，不仅仅是因为女性朋友们需要有自己掌握经济的能力，更是因为相比男性，女性朋友们在理财上有一些特殊的优势。“男人赚钱，女人理财”，是现代社会家庭财产支配的最佳组合。

首先，女性理财多为全职太太，她们有时间；即使不是全职太太，能够经常理财的女性其工作也相对比丈夫要轻松些。而理财其实并不需要占用多少时间，关键是会牵涉一些精力，需要时常关注一下行情，比如说，投资房产就需要经常了解哪个楼盘涨了，哪个区域又推了新盘等信息。而这些信息，如果不是专门理财的男性，很少有耐心成天研究，尤其是当他们工作压力大的时候，更不愿意去关心这些琐碎的信息。但女人就不一样了，女人本来相对就有耐心一些，一旦理财，她们就更会热衷于搜集这些信息。

温女士就是一个典型的会理财的家庭主妇。温女士为了让孩子读到更好的学校，买了一套名校附近的二手房，时价每平方米只有8 000多元。此后房价不断上涨，特别是名校旁的房子。虽说是2003年的老房子，现在每平方米却已增值到15 000元以上。而且，心细的温女士在经历了理财的磨炼之后，慢慢发现现在买房子也要有渠道，不是所有的人都可以买得到自己想要的房子，特别是一手房。自认为没有什么关系的她就把眼光锁定在了二手房上，有的是年初买了，年底就卖掉，并不在手上放太久，只要有赚就好。

后来，温女士又分别在她所在城市的三个区先后买了几套二手房，都是买到手没多久，就卖掉了。现在手上还有一套单身公寓出租，每个月租金3 200元左右，用来还按揭。温女士的不动产投资效果越来越明显。

像这些烦琐的房子信息，就需要不少的精力和不凡的耐心来慢慢搜集，很多男人就做不到这一点了，这正是女人的理财优势。

其次，女人细心，更适合理财。与男人在事业上的大刀阔斧相比，女人的心会更细。她们清楚地记着哪天该收房租了，哪个合同到期了；记着哪天该存定期了，哪天存款到期了；记着哪天该发行国债了等信息。女人较男人心细还表现在对合同的研究、对风险的规避上，她们往往不求赚大钱，只求稳健收益。这一点，是女性理财的一个最明显的优势，很多男士即使通过后天的培养都难以具备这种优势。

再次，理财需要借鉴经验，吸取教训，而女人天生爱交流，爱打探，所以，她们总能得到最敏感、最有用的理财信息。哪里新开了一家超市，哪里的店面租金最高，哪些人做哪些投资赚钱了，做哪样投资亏本了，她们了如指掌。

王女士2012年有了孩子后就一直没有上班，在家做起了全职太太。她的老公吕先生与另外三位股东一道，经营着一家礼品批发公司，每人年均能分到30万~40万元的纯利润。

王女士一家三口每月开支大致为：孩子消费2 200元，水电气物管费电话费等杂费600元，生活服装等费用2 000元，缴保险费1 000元。算下来她家年正常开支在6.9万元左右。

在王女士决定要当自己家里的理财师之后，就开始对家庭资产摸底，发现家里的资产主要分为以下几个方面：一套价值60万元的自住房，还有一套面积约90平方米、市值30万元左右的闲置空房；定期存款85万元；购买了30万元年收益率3.44%的3年期凭证式国债。也就是说，可供王女士操作的投资资产包括：一套市值30万元的闲置房和85万元存款。

在和姐妹们交流理财心得之后，王女士发现，如果将自己的闲置房子出租，收益将不错，于是王女士首先将那套闲置房的资产“激活”——她花了5万元对房子进行了简单装修后以每月1 400元的价格租了出去，并签了两年租期。这样，这套房1年收益1.68万元。

另外，她通过和有买基金经验的姐妹交流，再加上自己的研究，对基金有了比较充分的了解后，将80万元存款做了这样安排：一是将3万元改存为“七天通知存款”，作为家庭备用金，税后实际年收益约390元；二是购买货币基金10万元，实际年收益2 000元；三是用57万元购买了两只封闭式基金，年实际收益5.1万元；四是用10万元购买了一个1年期人民币理财产品，实际年收益约2 800元。

就这样，在弄清自己的家底之后，王女士通过打听和学习的方式，让钱生钱，来支付一家人的日常支出，而再赚的钱又可以接着做投资，资产就会不断增值了！对这些种类繁多的理财工具，她的丈夫却根本不感兴趣，也没有时间打理，这便是女人得天独厚的优势了。

所以说，家庭主妇理财的优势还是很明显的，想要理财的女性朋友们可不要将上天赋予我们的优势给荒废了，这些优势可以带给我们宝贵的财富呢！

女人有钱，一定要从点滴开始

希望有钱的女人很多很多，可是，真正有钱的女人却很少很少。没钱的女人总是羡慕有钱的女人，不知道她们用什么诀窍赚到了那么多的财富。有些女人通过为自己找长期饭票的方法来让自己变得“有钱”，殊不知，这种方法只是一时的有钱，那些钱，并非真正属于你自己。所以，我们还是佩服那些能够依靠自己的能力，在奋斗中、在点滴的积累中让自己变得有钱的女人。

一句话：想要有钱，一定要从点滴开始。想变成有钱人，需要走用“点滴”铺起来的道路。

从点滴开始，对刚刚开始规划自己财富之路的女人们来说，主要包括三个方面：从点滴开始做人，从点滴开始省钱，从点滴开始赚钱。

想要变得有钱，先从省钱开始！你千万不要小看平时所花的点滴碎钱，积攒起来会令你大吃一惊！不信请看小西的某个月的消费分项记录：

吃饭（与朋友聚会3次，每次200元，平时在单位食堂每次25元）1 100元；

房租+水电煤气：1 500元；

购置新衣服：2 000元；

看电影等消遣：300元；

其他杂项：400元；

总计支出：5 300元。

小西目前大约每月入账6 500元左右，这样一来，月底只剩下1 200元左右。一个月入账数目并不少，可是剩下的钱却屈指可数。这估计是很多女人共有的状况。这还只是单身女人的情况，已经有家庭的女人恐怕更加郁闷，总是掰着指头过日子，都还是过不赢日子。为什么？就是因为在该省钱的时候没有省钱，结果导致了在应该花钱的时候花不出钱。

钱要用在刀刃上，尽量不花冤枉钱。那么，究竟该如何来省钱呢，有三方面值得你考虑。

1. 物尽其用勿过期

食品要及时吃，物品要适时用，过了保质期及使用期限就是浪费。因此，对于家中所有物品要经常拿出来看一看，即使暂时用不上，也要知其是否损坏，以确保下次使用时安全可靠。对贵重物品，如空调、冰箱、电脑、摩托车等，保养好了，能延长使用寿命，无形当中就节省了开支。

2. 关爱健康少药费

现在很流行的一句问候语就是“祝您健康”。的确，不管有多富，疾病生不起。因此，保持健康的身体，必须注重食品卫生，防止病从口入，加强锻炼，爱惜身体这个“本钱”，以达到少花医药费的目的。

3. 躲避风险保平安

平安是福也是财，人之一生平平安安是最重要的。因此，当你面对一桩可挣大钱的差使，但却又隐藏着不安全的风险时，劝你别抢着往里挤。在人多拥挤的地方购物时，不要只顾着贪便宜，小心买进假冒伪劣商品，要看管好自己的钱包。

此外，已经有了家庭的女性朋友更需要注意在日常生活中来省钱，这样，一年365天下来，省下的可不是一丁点。你每天都需要购物吧？怎么购物省钱？简单！看看你周围的大超市几点关门，提前半小时到就可以了。大超市都尽可能不卖隔夜的食品，每到下班前一个小时左右，就会开始打折。此外，超市买东西还要注意，最好购买超市的自有品牌。尤其是一些日用品，超市自有品牌与广告上常见的品牌差别不大，但是价格却只是名牌的一半左右。

可能已经习惯了大手大脚花钱的你会有些瞧不起这些省钱的方法，但是，你可别忘了，这些点滴的小事，会慢慢汇集成大海的力量，让你缩短变成富人的时间。你需要明白，你若想拥有财富，就没有浪费的权利。

节约的原则就是避免浪费，资源是有限的，最大化利用资源才是最科学的节约。比如，在餐馆吃饭时要将点菜量控制在刚刚好的范围内。

优雅的女人不会让自己的钱像水一样流掉，而是会将自己的钱当作油来用。油用多了，菜腻，生活也奢靡了；用少了，菜不香，生活也寒酸了。所以，能够把自己的钱当作油来用的女人，定是最优雅的女人，这类女人最具有变成有钱人的潜质。

最后，要想变得有钱，还要学会从点滴处赚钱。

很多人都只知道靠自己的工作赚钱，却不知道抓住点点滴滴的机会来赚钱。

我们来看个故事：一个人用100元买了50双拖鞋，拿到地摊上每双卖3元，一共得到了150元。另一个人很穷，每个月领取100元生活补贴，全部用来买大米和油盐。

同样是100元，前一个100元通过经营增值了，成为资本。后一个100元在价值上没有任何改变，只不过是一笔生活费用。贫穷者的可悲之处就在于，他的钱很难变成资本，更没有资本意识和经营资本的经验与技巧，所以，贫穷者就只能一直穷下去。

如果你不想自己一直贫穷下去，不希望自己一直省吃俭用却还是处于没钱的状态，就不要错过任何可以赚钱的机会，克服自己的惰性，让自己“积点滴成大海”，成为真正有钱的女人！

看透金钱本质，不做“拜金女”

“拜金女”不是一个被社会所认可的群体。拜金女们盲目崇拜金钱，把金钱价值看作最高价值，一切价值都要服从于金钱，她们把亲情、友情、爱情等都放在金钱脚下；她们认为金钱不仅万能，而且是衡量一切行为准则的标准。正是由于拜金女们太过强调金钱的重要性，以至于她们变得唯利是图，对许多事物经常只看到表面，看不到其内涵、精神层面，往往过得极为空虚。

我们都不希望我们所爱的人是拜金的人。因为在拜金的人心里，能够为了钱而舍弃其他一切。这种人太可怕！等到这种人最有钱的时候，也就成了她最贫穷的时候，因为她穷得只剩下金钱了。

在2008亚洲小姐竞选总决赛中，原籍中国西安的1号佳丽姚佳雯获全场最高的137 610票，摘下桂冠并获得“最完美体态大奖”。姚佳雯是硕士佳丽，也是全场学历最高的佳丽，赛前并不瞩目，但当晚成为夺冠黑马。在最后与颜子菲两强决战阶段，她被发问嘉宾提出此前曾两度参与选美。2004年参选“中华小姐环球大赛”时，她因在“金钱与老公”“金钱与父母”“金钱与国家”三道选择题中，除以父母为首选外，其他两项都毫不犹豫地选择金钱，而被网友视为“拜金佳丽”并炮轰。当晚嘉宾向她尖锐提问：参加选美目的何在，是否为钓金龟婿？她真情剖白：“2004年我参加选美被人骂，大家以为我是为钱。我如今再战江湖，其实因为我想做个主持人，想打这份工！”这个回答令她票数飙升。

从这个例子中就不难看出，我们都不喜欢拜金的人，一个女人即使长得再美，如果拜金，就会让人感觉她缺少了作为人最基本的一些情感，让人感觉她似乎与我们不是同类了。

金钱并不是万能的，有首《买到与买不到之歌》就很好地诠释了这一点：“金钱能买到房屋，但买不到家；金钱能买到药，但买不到健康；金钱能买到美食，但买不到食欲；金钱能买到床，但买不到睡眠……”一些腰缠万贯的富翁们不就常感叹自己是精神上的乞丐即“穷得只剩下钱了”吗？所以，我们要树立正确的金钱观。

人生有两种幸福，即“生活的幸福”和“生命的幸福”，能够获得这两种幸福的人应是最幸福的人。生活的幸福追求衣食住行、功名富贵；生命的幸福追求平安喜乐、真爱温暖和永恒的归宿。如果满脑子都是拜金的想法，即使最终你的生活之路变得富有，你的生命之路却会贫穷。那么即使满屋子都是高档奢侈品，你却只剩下空虚做伴、寂寞为枕。

我们要看到金钱与人生有着密切关系，更应该看到金钱不是人生的全部内容，不是人生价值的决定因素。我们生活的目标并不是单单为了赚钱，同时也是为了享受幸福和生活得更加充实。

所以，我们不做拜金女。我们要做的，是把拥有财富当作一种爱好，而不应完全拜倒在它的脚下。做金钱的主人，才能享受金钱给我们带来的快乐。

不做守财奴，存钱不是生活

有的人是天生的守财奴，富而吝啬，人称之为“钱罐”。

其中最典型的守财奴形象就是巴尔扎克笔下的葛朗台。像葛朗台这样的守财奴，守财守了一辈子，最终还是一无所获，什么也没得到。

作为女人，不应该成为一生只会抱着钱财睡觉的守财奴，我们需要爱护好自己，需要珍惜自己如花的容貌和流金般的岁月，如果有钱却抱着钱存在银行里不动弹，让自己像个贫穷的灰姑娘一样，那多亏待自己？更何况，安稳守财的时代已经过去了！今天的你，随时可能遭遇失业、通货膨胀、金融危机等各种不可预测的状况！到时候即使你银行里存着不少钱，却流落街头也不足为奇！

特别是作为已婚女人，我们不仅要替自己的生活做打算，替自己的未来做打算，还需要做整个家庭的理财师，让家里的资金能够充分发挥它们的作用，而不仅仅是让家人辛辛苦苦挣来的钱在银行里发霉。

这里有一个小故事，发生在一对守财奴夫妻身上。也许看完之后，我们会有一些想法。

妻：“老公，那钱放好了没？”

夫：“老婆，放心吧，放安稳着呢！”

妻：“放哪儿了？”

夫：“墙缝里呀！”

妻：“不是说放冰箱里吗？”

夫：“好好好，下星期放冰箱行不？”

春夏秋冬，年复一年……五年之后……

夫：“老婆，物价老涨，我们要不要拿钱出来去买房？”

妻：“老公，快来看呀，钞票都给老鼠咬烂了！”

……

这是原始的存钱方式，也是金钱对不会利用它的人的嘲讽。如今，在货币市场多变的今天，还有人在不断重复这样的原始方式，以求一份心安理得，只不过，原来的墙缝和冰箱，如今换成了银行。我们身边就不乏这样的女人。

对小敏来说，存钱是她生命中唯一的乐趣。她买保险，她存定期存款，她用最安稳妥当的方式，细心保管赚进来的每一块钱。叫她投资？风险太大不考虑，赔掉本金谁负责？

正常人赚钱是为让自己的生活过得优越舒适，小敏却不是，她以累积财富为人生乐趣。于是，她把小钱存成大钱，把大钱变成定期存款，再把定期存款生出来的小钱组织起来，成为大钱，周而复始，乐此不疲。她不用化妆品、不穿新衣服，当然，别人送的除外，但大多情况下她会转手把化妆品和新衣服卖出去，除非有滞销货品。她也不吃大餐，当然，别人请客除外，如果量多的话，她会打包回家。对于女人的所有喜好，她全然没有。

如果做女人做成这样，不知道还有什么意思；如果存钱存成这样，不知道存起来的钱还有什么意义。爱财没错，存钱也没错，可是爱财爱到这个份上，爱财爱到对自己都一毛不拔，爱存钱胜过爱自己，这就不仅仅是对自己的轻视，也是对钱的蔑视。

是的，我们爱财，但是，我们不应该做守财奴，不应该只是心安理得地存着钱。况且，钱都存在银行里，通货膨胀之后，钱就相当于越存越少了！

优雅女人能挣钱，会花钱

一位大富豪走进一家银行。“请问先生，你有什么事情需要我们效劳吗？”贷款部的营业员一边小心地询问，一边打量着来人的穿着：名贵的西服、高档的皮鞋、昂贵的手表，还有镶宝石的领带夹子……

“我想借点钱。”

“完全可以，你想借多少呢？”

“1美元。”

“只借1美元？”贷款部的营业员惊愕得张大了嘴巴。

“我只需要1美元。可以吗？”

贷款部营业员的脑袋立刻高速运转起来：这人穿戴如此阔气，为什么只借1美元？他是在试探我们的工作质量和服务效率吧？营业员便装出高兴的样子说：“当然，只要有担保，无论借多少，我们都可以照办。”“好吧。”这个人从豪华的皮包里取出一大堆股票、债券等放在柜台上，“这些作担保可以吗？”

营业员清点了一下，说："先生，总共50万美元，作担保足够了。不过先生，你真的只借1美元吗？"

"是的，我只需要1美元。有问题吗？"

"好吧，请办理手续，年息为6%，只要你付6%的利息，且在1年后归还贷款，我们就把这些作保的股票和证券还给你……"

富豪走后，一直在一边旁观的银行经理怎么也弄不明白，一个拥有50万美元的人，怎么会跑到银行来借1美元呢？

他追了上去问道："先生，对不起，能问你一个问题吗？"

"当然可以。"

"我是这家银行的经理，我实在弄不懂，你拥有50万美元的家当，为什么只借1美元呢？"

"好吧！我不妨把实情告诉你。我来这里办一件事，随身携带这些票券很不方便，便问过几家金库，要租他们的保险箱，但租金都很昂贵。所以我就到贵行将这些东西以担保的形式寄存了，由你们替我保管，况且利息很便宜，存1年才不过6美分……"

经理如梦方醒，但他也十分钦佩这位先生，他的做法实在太高明了。

"能挣会花"，究其本意，是"好钢要用在刀刃上"。"能挣"是"用自己所能去争取"，靠自己的勤劳获取应得的利益；"会花"就是"花有所值"，而不是做毫无意义甚至是有损美德的消费。

理财女一定要会定义幸福

会理财的女人，通常也能比别人更深刻地体会到幸福的含义。因为，理财女是理性的女人，同时也是优雅的女人。她们知道该如何打理自己的生活；知道应该如何安置好自己的家人；知道该如何规划自己的未来。

很多会理财的女人，通过理财感受到了一种切切实实的幸福。她们通过理财，在自己和家人的收入水平范围之内，把小日子过得丰富多彩，幸福无比。一个家庭，在客观条件一定的情况下，怎么过，过得如何，区别是很大的。俗话说，吃不穷，穿不穷，计划不到会受穷，说的正是这个道理吧。当然，日子过得如何，外人也许看不出来，毕竟每个家庭、每个人的习惯和他们所追求的生活目标是不一样的，标准也自然应当有所区别，只有当事人感觉到满意了、开心了，日子才算是过好了。会过日子的女人，她能够把小家庭的一切繁杂事务计划得周周到到，哪怕是再紧巴的日子，也能过得像模像样，一切井然有序，该做什么做什么，似乎都在掌控之中。

我们都知道，日子不是混的而是过的，幸福不是想的而是营造的。明天不是昨天成绩的延续，而是今天付出的回报。

有的女人，的确也很会理财，但是，却不懂得幸福的含义，总是因为钱而和丈夫吵架，因为觉得对方没付或少付了该付的那份家庭开支。这类女人在节省开支的时候不是想着家庭也不是想着孩子，而是想着为自己多准备点储蓄金好让自己不会一无所有。

最终，这些女人失去了家庭，失去了爱，失去了自由，失去了美丽。失去幸福，是因为这些女人不懂，在家庭幸福的概念里，不应该有斤斤计较，不应该有自私自利，不应该有忐忑不安这些字眼，取而代之的应该是从容、快乐、经营、温馨这些词汇。

如果说，能够在自己的经济水平之内把小日子过得精彩是一种幸福，那么，还有一种幸福也是女人不可缺少的，那就是完成自己的梦想！很多女人在为人妻、为人母之后，就伟大地舍弃了自己曾经的梦想，任时间无情地将自己催老。其实，真正懂得幸福含义的女人知道，这一辈子需要为自己活一把，需要努力实现自己的梦想。

我们需要有我们的梦想，我们需要通过梦想的实现来体现我们的人生价值。同时，我们更需要爱！

我们理财，不是为了理财而理财，而是希望通过理财，让自己的爱变得更丰盈；我们希望通过理财，让家人过得更快乐；希望通过理财，让爱人过得更加顺利。被别人的爱包围着，是一种幸福；去追求自己爱的也是一种幸福；彼此的相互倾慕是幸福；厮守一生也是幸福的。只要有爱，我们的幸福就不会那么干涩，我们的幸福也不会那么短暂和浅薄。

如果你打算从今天起开始理财，请不要忘了先问自己一句，“我幸福吗？”你想要怎样的幸福，这是一个很重要的问题，因为它将是你理财的动力，也是你理财的目的。懂得幸福的女人，人生将会更加美丽。

第二章 CHAPTER 2

学点经济学知识，做睿智“吸金”女

如何让自己学会自主地掌控金钱？如何培养自己的理财智慧？女人需要先转变思想观念，督促自己，相信自己，并从学习基础的经济学知识开始。只要坚持下来，你就一定能够成为一个懂得理财的女人。

书中自有黄金屋，无事翻翻经济书

女人要想靠投资赚钱，就先学学最基本的经济学方面的知识。而学习和了解经济学常识，对于女人来说，阅读一些相关的经济类或理财方面的书籍，是一种有效的捷径。

假设你的积蓄有700万元，这时，你最想做什么呢？“有这些钱的话先去买一间房子，还有多余的钱就投资一点股票，好好孝敬一下父母，然后再把钱存到银行里。”估计像这样想法的人有很多很多。

如果你也是这样想的，接下来要考虑的是，应该在哪里买房子？买多大的面积？买什么样的房子？万一买房子要贷款的话，银行利息是多少？制订什么样的还钱计划？万一几年之间银行利息上涨的话，又该怎么解决？

当然，天上没有掉馅饼的好事，就算是偶然遇到了，不知该怎么花的人也有很多。也许你会为了赚更多的钱，反而让手上的钱飞走了。事实上，大部分中了彩票的人在过了不久后，又重新回到穷光蛋的生活。

所以，不要抱怨你现在贫穷或不够有钱的状态，你目前的状态是有理由的，理由也许在别处，但更在你自己身上。闲下来没事做的时候，为什么抱着电视看到眼睛发酸，都不肯拿起经济学的书品读一下？逛街逛到脚磨起泡的时候，为什么都不愿意看一看书里介绍的投资的技巧？看电视消耗掉的是你有限的青春，而看看书，却能够让你学到赚取财富的办法。

一位女性朋友曾经对理财和投资一窍不通，但是她有个很好的习惯，就是读书。她曾经把《穷爸爸富爸爸》等投资理财的书看了很多遍，当她觉得自己明白了经济与投资的常识之后，她拿出自己的储蓄开始尝试按照书中的方式进行投资。结果她发现，自己通过之前的阅读对投资已经培养出一定的敏感度，并且知道如何规避风险，几年下来，她的财产翻了一番。现在，她除了坚持投资以外，还在努力阅读更多更好的财经读物，让自己不断提高。

相反，如果没有足够的经济学知识，没有很好的理财规划，即使你一时有钱了，过不了多久，还是会恢复原状。有这样一则新闻：

某年轻人中了500万元的彩票，他拿出100万元分给了自己的父母兄弟姐妹，拿400万元自己做投资。但是他之前对理财根本一窍不通。结果，两年之后，400万元全部在他手中消失，还欠下了几万元的债，他身体也垮了，没钱回家，最终还是被亲戚接回家里。

你不需嘲笑这个人，其实，如果你也总是沉溺于虚假的肥皂剧的幻想中，不愿意看看经济学的书，不愿意学学理财知识，那么即使你也有他的好运中到头彩，也同样会难以把握住突然到你手中的钱。

所以，女人应该明白一个道理，改变命运的密码，其实就藏在书中。我们现在最缺的，就是从书中找寻这把钥匙的勇气和毅力。而敢于一头扎进书里认真学习经济学知识和理财知识的人，都会有所收获。

别的女人可能正在享受暂时安逸的生活，常读经济书的女人却提前看到了自己未来的生存危机，将自己的精力挪到了充电的环节上。很多女人根本不愿意克服自己的惰性，来弥补一下自己在经济、理财等方面的知识欠缺，因而总是日复一日地处于一个抱怨、哀求、穷苦的生活状态中。

我们要做个优雅的、独立的、坚持的、有主见的女人。在投资理财时，如果没有最基本的经济学方面的知识做铺垫，我们如何进行？恐怕只能随大流了，可是你要知道，随大流永远赚不到大钱，但却很有可能赔大钱……有了基本理财知识的女人，可以按照自己的主见做出决定，即使亏了，也是一种经验的累积，而不会后悔。所以，当我们沉浸在韩剧、日剧中不能自拔时，当我们在家里无聊得只想睡觉时，不妨在家里贴一张纸提醒一下自己，该看看经济学方面的书了，看书就是挣钱！何乐而不为？

倾听专家建议，进行专业咨询

很多时候，银行和保险公司为了宣传自己的理财产品，会举办一些理财产品推介班，尤其是针对新推出的理财产品等目的性强的推介班。如果有类似机会，建议女性投资者千万不要错过！

其次是参加理财专业人士办的各种财富培训班。他们会为理财投资初学者系统、详细、有重点地讲解各种理财基础操作技巧，如有专门讲解如何贷款、如何购买保险、如何选择合适的理财产品等。女性朋友可以通过朋友介绍和自己的了解，选择其中的较为优秀的培训班参加培训。

通过理财专家的直接讲解和指导，能更深一步掌握各种理财产品的优势和劣势、相关投资手法、理财投资的要领和诀窍。另外，还可以随时针对自己一知半解或者不懂的地方，向理财专业人士现场求教。

演员萧蔷对理财一向抱着“钱来得快也去得快”的态度。她表示，以前自己没有那么多钱时，因为对投资不感兴趣，有多少花多少，后来手头比较宽裕了，她就交给别人管理。萧蔷理财的方法采取稳健保守的路线，大部分钱交给母亲，其他交由专家处理。

“绝大多数都投资国外的共同基金，有些钱也花在房地产上，不过买的房子都是自己住，没有打算靠这个赚钱。”“我不知道他们（专家）是怎么分配购买，现在的状况还好，基本持平，没有赔钱。我还是比较信赖专家的。”

让懂得理财的人去为自己打理钱财，而自己趁着年轻，多做一些自己喜欢做的事。

当然，所谓专家就是在某一领域内比较专业的人士，但是虽然他们很了解行业内的情况，但是最了解你自己情况的人还是你自己，所以专家的话你要慎重地考虑，从自身的条件出发，不可盲目地不加选择地接受。

在证券市场投资当然要紧跟主力，券商、基金都是主力。但是，现在看券商报告和听一些基金经理的分析，会发现水分很大，虚多实少。也许，他们站在什么立场上，就要为谁说话。市场真正的底和顶的点位是没有人能看透的，不管在什么样的市场环境下都提倡走一步看一步，看一步再走一步。没有人能猜得到市场的底究竟在哪里。

所以，女性朋友们要注意，对于专家的话不可不信，当然也不可全信。

运筹资金，让金钱在流动中增值

在现实生活中，“别针换房子”的故事并不罕见。澳大利亚3名大学生为了募集善款，曾展开了一个名为“一蛋一世界”的大胆计划。他们打算用以物易物的方式，用一个鸡蛋最终换得100万澳元（相当于622万元人民币）。

很快，这3名大学生就达成了第一笔交易——这只鸡蛋换成了一张电影《松果头的故事》原声大碟；接着，原声大碟被换成了一副串字游戏，而串字游戏又被换成了一本旅游书，然后旅游书被换成了一部旧数码相机，数码相机又换成了一个闹钟……

几番周折后，他们用那只闹钟竟然换到一辆1988年款的旧汽车！随即，他们将车卖掉，得到约100澳元。又经过几轮交换，9个月之后，当初的那只鸡蛋已经换成了一个有已故著名板球明星唐·布拉德曼亲笔签名的板球。接着，他们又将这个板球以2 200澳元卖给了一名网友，再用得到的钱买到一张肯尼亚14天两人游套票。

就这样，经过15个月不停交换之后，当初那个不名一文的鸡蛋如今已经换成了一份价值2 200澳元的肯尼亚14天两人游套票，并继续在接下来的交换过程中以几何倍数继续“增值”。

在物品交换的过程中，每一个中间物品都起到了金钱交换手段的作用。当金钱流动起来，才能够创造出比原来更多的财富。这是对理财概念的一个很好的诠释。

你可以种下一颗种子，不断施肥浇水，培育它长大。这个办法也可以套用在金钱上。我们都知道，你每用一次钱，便是在助长现金流，它会加倍地再回来。通过偿付借款，你便是让金钱流动起来。前面提到，往往善于投资的高财商人，更容易创造财富，为什么呢？因为他们懂得怎样运用自己的资金进行投资和赚钱。

乔·史派勒有一本书《动手来种钱》。书中他提及一个只剩下1美分的人，这个人正准备一次用掉这1美分时，他突然改变了想法。他把钱换成美金的铜币，他心里告诉自己每次他花掉钱时，就要让钱再以10倍或更多倍的数量再回到手上。这种方法的确奏效！这个人最后获得了更多的财富，成了一个富有的人。

金钱是包装起的能源——让它流动吧！这种能源是独一无二的。你可以将它送到遥远的地方，去协助一个你信赖的计划；同时你可以待在家里做你最喜欢的事。你可以说，金钱是一种可即刻伸缩的能源，你只要加进一点爱，并将它送到该送的地方，它就可能为你带来更多的财富。

有些人担心拥有过多，于是他们将钱储存起来。这样，除了阻断流量，还会有什么好处呢？有人说：“我是在未雨绸缪。”真的！即使你已经可以买到下一个“雨天”，你会去买吗？如果你已经为了一个“下雨天”准备妥当，你会进一步为自己在大脑中所规划的雨季而准备！

詹姆斯和恩里克是关系很好的同学，他们毕业后相偕到一家公司上班。由于他们所学的专业都是一样的，所以他们在公司里担任的职位也类似，他们领取相同的薪水，两人节俭的程度也差不多，因此每年都能存下一样数额的钱。所不同的是两人的理财方式，詹姆斯将每年余下来的钱存在银行，恩里克把余钱分散投资于股票，两人共同的特点是不太去管钱，钱放到银行或股市就再也不去管它们。

40年后，恩里克成为拥有数百万的富翁，詹姆斯却依然只有几万元的存款。数百万财富在当今的社会中，可以称得上是富翁，但是如果提到几万，可能就会引起笑声。原因是现代的“几万”已成为“无壳蜗牛”的代名词，仅仅拥有几万的财富现在称得上是贫穷。

詹姆斯眼见旧时的同学兼同事，40年来薪水收入相同，节俭程度相同，最后竟然能成为百万富翁。反观自己，在同样条件下，赚相同的钱，省相同的钱，最后连一间房子都买不起。直接的反应是：“他一定是贪污！”或是“他一定是中过什么奖！”否则一样赚钱，一样省钱，最后的财富怎么可能差那么多！差到一个变成富人，一个变成穷人。

通常贫穷的人将富人能够致富归结于运气好或者从事不正当的违法的行业，还有的人是把富人致富的原因，归结于富人比他们努力或是比他们勤俭。但这些人万万没想到，真正造成他们的财富落后的，是他们的投资理念。

哈佛大学的勒布朗·休斯敦教授说："金钱在静止中被搁置起来，也就完全失去了金钱的意义。创富的秘诀之一在于让你有限的金钱在流转中进行无限的膨胀——增值。"只有让资金不断流通、反复增值，才能充分发挥金钱的作用。手上有钱的人不要让钱闲置，要积极地进行投资，力求使"死钱"变成"活钱"，让它们在流通中为你增值。

永远不把钱长期存入银行

俗话说，“没有能耐的人存钱，有能耐的人借钱。”这当然不是说存钱的人没本事，这里面暗含经济学的规律。个人把钱存到银行，银行把钱贷给企业，企业借钱要付利息，那是因为它能赚到比利息更多的钱。个人存款到银行，即便是在加息的前提下也是不合算的，因为通货膨胀的因素已经将利率抵消了。

如果按照银行存款税后利率2%算，而年通胀率按照5%算，那么如果把钱存到银行，存款的实际利率就已经成为负值。这就是说，假如储户将10 000元存进银行，10年后10 000元钱的实际价值就变成了7 374元，储户的本金等于损失了26%。

所以，如果赚到钱后就把钱放在银行里不闻不问，让钱在银行睡大觉，就是在跟钱过不去，就是在变相削减自己的财富。有很多人辛劳一生，到头来却还是穷人，就因为这些人不会把钱变成资本。衡量一个人是否具有经商智慧，关键看其能否靠不断滚动周转的有限资金，把营业额做大。

犹太人普利策出生于匈牙利，17岁时到美国谋生。开始时，他在美国军队服役，退伍后开始探索创业路子。经过反复观察和考虑后，普利策决定从报业着手。对于一个毫无资本和办报经验的人来说，想通过报纸赚钱无疑是痴人说梦。但普利策却坚定不移地朝这个奋斗目标前进了。

为了搞到资本，他靠做工积累的资金赚钱。为了从实践中摸索经验，他到圣路易斯的一家报社，向该老板求一份记者工作。开始老板对他不屑一顾，拒绝了他的请求。但普利策反复自我介绍和请求，言谈中老板发觉他机敏聪慧，勉强答应留下他当记者，但有个条件，半薪试用一年后再商定去留。

普利策为了实现自己的目标，忍耐老板的剥削，并全身心地投入到工作之中。他勤于采访，认真学习和了解报馆的各环节，晚间不断地学习写作及法律知识。他写的文章和报道不但生动、真实，而且法律性强，不会引起社会的非议和抨击，能吸引广大读者。由于普利策给报社带来了巨大利润，老板高兴地吸收他为正式员工，第二年还提升他为编辑。普利策也开始有点积蓄。

通过几年的打工，普利策对报社的运营了如指掌。于是他用自己仅有的积蓄买下一间濒临歇业的报馆，开始创办自己的报纸——《圣路易斯邮报快讯报》。

普利策自办报纸后，资金严重不足，但他很快就渡过了难关。19世纪末，美国经济开始迅速发展，商业开始兴旺发达，很多企业为了加强竞争，不惜投入巨资搞宣传广告。普利策盯着这个焦点，把自己的报纸办成一份以经济信息为主的刊物，加强广告部的业务，承接多种多样的广告。就这样，他利用客户预交的广告费使自己有资金正常出版发行报纸，发行量越来越大。报纸发行量越多，广告也越多，收入进入良性循环。即使在最初几年，每年的利润也超过15万美元。没过几年，他就成为美国报业的巨头。

普利策刚开始时分文没有，靠打工挣得的薪水，省吃俭用，一点点地积攒起来投入自己的事业，最终走向成功。这是一例白手起家的典型案例。

犹太人很少把钱存入银行生利息。他们善于精打细算：如果把钱存入银行，年息最多不超过10%；而把钱投资在有潜力的项目上，如果对市场走势观察分析准确的话，每次周转赢利不少于30%，一年滚动周转4次，所得利润就会超过100%。

在18世纪中期以前，犹太人热衷于放贷业务，就是把自己的钱放贷出去，从中赚取高利。到了19世纪后，犹太人宁愿把钱用于高回报率的投资或买卖中，也不肯把钱存入银行。

由此看来，不把钱存入银行是犹太富翁们经商智慧中不可忽视的部分。

当然，并非人人都希望通过经商致富，把钱存在银行，一个好处是能给予人们安全感。但是，你一定也听说过这样一句话——不要把鸡蛋全放在一个篮子里。所以，建议不要把钱全部存入银行。拿出一部分来，投资到自己感兴趣又能得到收益的事情上去，你会发现生活其实包含很多内容，天地原本很宽很宽。

掌握财富的发展趋势

掌握财富，主要的方法就是要掌握趋势。掌握趋势就是掌握未来，掌握发展的机会。什么叫趋势？趋势就是经济发展的大规律。如果我们现在需要选择一个行业的话，我们要追求更高的投资回报率，是选择一个具有远大前景、无限发展空间的朝阳行业，还是选择一个成熟或逐步衰落的夕阳行业？

当然，把握商机并非如此简单，它需要我们冷静地分析与判断。在错综复杂的经济现象中，先整理出未来的发展路线图。当一种趋势苗头初现时，能够发现并且把握住，才是真的英雄。

当年，一个叫克罗克的奶昔机器推销员，一次偶然的机会从业务报表上发现，有一家名叫麦当劳的餐厅一口气订购了八台奶昔机器，而一般的店不过只需要一两台。他从这个订购单上发现了苗头，认定这是一家不一般的店，立刻动身前往。这一去改变了他一生的轨迹。

克罗克到了麦当劳餐厅，立刻被那种独特的快餐氛围所感染。他意识到，在一个大工业时期，麦当劳这样的快餐店正是潮流所在。他立即找到店主麦当劳兄弟，提出他的扩张计划，他要在美国克隆出遍地的麦当劳快餐店。但麦当劳兄弟并不很感兴趣，就凭着洛杉矶这一个店，一年已经能够稳赚10万美元，这在当时不是个小数字，他们已经很满足了。经过艰苦的谈判，克罗克才获得条件苛刻的授权，开始在美国各地推销麦当劳连锁店的加盟权。

当时，克罗克已经53岁。他不仅放弃了熟悉的工作，还自己承担连锁店的行销费用，四处奔波而赚钱又少，以致结婚39年的老婆也终于离婚而去。

虽然损失惨重，但克罗克认准了，绝不放弃。6年之后，麦当劳在全美的连锁店达到200多家。克罗克又冒着倾家荡产的风险，借了270万美元，把麦当劳这个商标全部买断，他终于成了麦当劳的主人。之后仅仅过了10年，美国的麦当劳连锁店就达到700多家，随之上市。其股票成为巴菲特长久持有的赚钱机器。

现在，麦当劳的商标价值是253亿美元，克罗克本人当然也成了超级富豪。

麦当劳兄弟创立了麦当劳，又失去了麦当劳。他们可以经营好一个店，却没有战略的眼光，看不到未来的趋势，以致经营了25年，一个店还是一个店，直到克罗克的出现，才把麦当劳打造成了一个商业王国。

不论是穷人还是富人，谁都可以开一间十几平方米的小铺子。但只有真正的“富人”，才能依靠自己的聪明和智慧，把小铺子变成世人皆知的大企业。他的企业会影响到世界上的每一个人。

一件事情，重要的不是现在怎样，而是将来它会怎样。看清了它的将来，就要坚定不移地去做，把眼光放远一些，才有可能做更大的生意。一个优秀的富人，他的目标永远是下一步。

真正想成为富人的人，不仅仅关注富人的口袋，更应该关注他的脑袋。特别是富人口袋还没有鼓起来时的脑袋，看看他都往自己的脑袋里装了些什么东西。

穷人有受穷的原因，富人有发财的理由。这其中没有什么偶然，只有不变的必然。我们不要把目光全盯在口袋上，而是应该放在自己的脑袋上，一旦自己的脑袋富有，那么我们口袋的富有就是时间的问题了。

人赚钱不如让钱“生”钱

王新在一家国有企业的工会工作。看到不少同事前几年下海经商，事业有成，她十分羡慕。因为所在单位的各种保障和福利还不错，她不想轻易丢掉这份工作而去涉足商场的风险。后来，她听从了别人的建议，在工作之余学会科学理财。有了第一笔积蓄后，王新没有把钱存进银行，而把积蓄买了国债。5年下来，算上利息和当时的保值贴息，她的积蓄正好翻了一番。后来赶上股市行情不错，王新又果断地把这笔积蓄投入到股市中。几年下来，股票总值也收益颇丰。

王新并没有被胜利冲昏头脑，而是见好就收，把股票及时抛掉，又买成了较稳定的国债。2004年初，她又将到期的国债本息一分为二，分别买了两年期信托和开放式基金，信托产品的年收益率为6%，基金的申购价格为1.07元。不久前，信托产品到期兑付，那只基金的累计净值在经历涨涨跌跌之后也达到了1.27元，这样算起来，两年时间她共实现理财收益6.9万元，平均每年收益3.45万元，甚至超过她的年工资收入了。

一个人的财富增长在很大程度上取决于理财。理财得当，财富可飞速增长；理财不当，一生为钱操劳。

理财的最高境界莫过于“会理、敢理、巧理”，简言之：让钱“生”钱。有句经典的说法：投资是一样神奇的东西，再赔，它也只能输掉你手头的，但一旦赢起来，它却能不受限制地翻番。虽然这句话听起来有些夸张，但至少给人一种启示：学会理财，可以让钱“生”钱。

美国美林公司公布的第10个年度世界财富报告显示，截至2010年，全世界百万美元以上的富豪人数已经超过了871万，资产增加了8.51%，而10年前百万美元富翁的人数仅仅是450万。10年后的今天，超过3 000万美元资产身价的超级富豪的人数，也增加了10.21%，达到了85 500人。富豪的增长率在世界上并不平均，在发展中国家的增长率最高。其中亚太地区居世界首位，韩国位居第一（增长21.3%）；中国和印度不甘落后，正在赶超日本；中国内地的增幅为6.8%。欧洲地区增幅较小，仅为4.5%；北美洲依旧拥有着世界上最多的百万富豪。

富豪很多采用的是理财致富之道。这些富豪懂得将赚来的钱再次投入到新的项目上，以钱赚钱；而穷忙的人却总是依靠自己出苦力赚钱，他们喜欢把赚到的钱存储起来，结果存来存去并没存住，最终还是花了出去。

据说，犹太富人对于财富有一个说法：“只有舍得花钱才能挣到大钱，对该花的钱，绝不能计较。”所以，犹太富人往往是花1元钱至少要起到1元钱的作用，花100万就要起到100万以上的作用，他们很少花冤枉钱。

并不是每个人都能很好地驾驭金钱，金钱只愿意为懂得运用它的人工作。聪明的人会把金钱放在稳当的生利投资上，让钱滚钱，利滚利，源源不断地创造财富。

时间加复利创造百万富翁

复利，这个爱因斯坦称为比原子弹还要具有威力的工具，简单地说就是“利上加利”。其计算公式是：本利和＝本金×（1＋利率）^{n}（n即期数）

例如，1万元的本金，按年收益率10%计算，第一年年末你将得到1.1万元，把这1.1万元继续按10%的收益投放，第二年年末是1.1×1.1＝1.21万元，如此第三年年末是1.21×1.1＝1.331万元，到第八年就是2.14万元。

同理，如果你的年收益率为20%，那么三年半后，你的钱就翻了番，一万元变成两万元。如果是20万元，三年半后就是40万元……

听上去如此诱人，事实真是如此吗？

来检查一下这个“神奇”的公式。

首先关于本金。

以一个1994年开始工作即开始投资的人——赵星为例。1994年，他第一个月的工资是300元，在当时算是中等水平。假定他把这第一个月的工资拿出100元用于一个年收益率为10%的项目投进去，到第十一年即2005年末，也就是$100 \times (1+10\%)^{11}=285$元，285元，那是他当时当月收入的90%还多！而今天这个经过投资收益达10%的投资得到的285元相对于他现在的工资来说仅仅是个零头。

由此看来，想要让你的复利来得神奇，你的本金可不能是个小数目。对于大多数工薪阶层来说，复利公式中的本金即使以万元为单位，都只能在两位数上停住，多不过几十万元。而当你有了几十万元的时候，你就该看看利率了。

关于利率。以上的计算，我们选用了10%这个数字。但凡是存过钱的人都知道，上哪里找10%的银行利率呢？正如经常炒股的人都知道，上哪找没有风险的10%的投资产品呢？

关于期数。这个期数是和你的利率相对应的。利率按年利率算，期数就以年为单位，如10年、15年。如果利率按月利率计算，那期数的单位就是月了。

再说说72法则。所谓“72法则”就是以1%的复利来计息，经过72年以后，你的本金就会变成原来的一倍。这个公式好用就好用在能以一推十。例如：利用5%的年报酬率的投资工具，经过14.4年（72/5）本金就变成一倍；利用12%的投资工具，则要6年左右（72/12），就能让一块钱变成两块钱。

综合起来，复利要让它成为我们心中可观的累积，需要三个条件：

（1）让你足够满意的本金；

（2）好的投资渠道；

（3）足够的耐心和精力。

由此可以看出，要让复利真正地能为我们的钱财服务，首先要完成本金的积累，或者持续地对本金进行投入；其次要在我国有限的投资渠道中进行恰当的选择；最后要具备精明的选择能力，这是复利能否发挥神奇作用的分水岭。

在复利的模式下，一项投资所坚持的时间越长，带来的回报就越高。在最初的一段时间里，得到的回报也许不理想，但只要将这些利润进行再投资，那么你的资金就会像滚雪球一样，变得越来越大。经过年复一年的积累，你的资金就可以攀登上一个新台阶，这时候你已经在新的层次上进行自己的投资了，你每年的资金回报也已远远超出了最初的投资。

现在人们的收入不同于改革开放初期，如果一个普通家庭从现在开始投资1万元，通过运作每年能赚到15%，那么，连续20年，最后连本带利变成163 660元了。看到这个数字后，我们也许并不感到满意，但是连续30年，总额就会变成662 117元。如果连续40年后的话，总额又是多少呢？答案或许会让你目瞪口呆，是2 678 635元。也就是说，一个25岁的年轻人，投资1万元，每年赢利15%，到65岁时，就能获得200多万元的回报。

然而，天有不测风云，市场并非一直景气。如果每年都保持15%的收益率这是很难做到的。但这里说的收益率是个平均数，如果你有足够的耐心，再加上合理的投资，这个回报率是有可能做到的。

这种由复利所带来的财富的增长，被人们称为“复利效应”。不但投资理财中有“复利效应”，在和经济相关的各个领域其实广泛存在着复利效应。比如，一个国家，只要有稳定的经济增长率，保持下去就能实现经济繁荣，从而增强综合国力，改善人民的生活。从这个角度看，“可持续发展”这个时髦的词，实质上是追求复利的另一种说法。

可以说，复利是一种思维，是一种以耐心和坚持为核心的思维方式。如果我们能充分利用复利思维，不管投资还是人生，都会有不错的回报。

第三章 CHAPTER 3

再不规划就迟了，理财这事儿不能等

你想变得有钱吗？想吧！如果想变得有钱，就请拿出一个本子，给自己列一个理财计划，不要让自己拿着钱浑浑噩噩过日子。正所谓“你不理财，财不理你”，所以，如果想要变得有钱，一定要有计划性。

理财行动，早开始，早有钱

理财越早越好！我们来看两个生动的例子就能明白这句话的含义：

李某和张某是从小玩到大的好朋友。从小就是出了名小气的李某，中专毕业以后就上班了，从20岁开始，每年存款10 000元，一直存到30岁，后来结了婚，由于要教育小孩，所以她在30岁时就离职回家了。从那之后，她就一直靠老公的薪水生活着，再也没有储蓄。存款在60岁后取出作为养老金。张某上了大学，又当了兵，所以开始工作的时间要比李某晚一些。他在刚开始上班的时候非常爱喝酒，一天到晚都泡在酒吧里。后来自己醒悟了，于是从30岁开始以每年10 000元的速度来存钱，一直存到60岁，然后在60岁时取出作为养老金。在年理财收益率为7%的情况下，李某60岁时可以拿到的金额为70多万元，张某最终能够拿到的金额却只有60多万元。张某在银行里存了30年，李某只存了10年，可是，不管怎么努力，张某都追不上李某。

如果现在有这样两个理财方案：第一个是从20岁开始每年存款10 000元，一直存到30岁，60岁后取出作为养老金；第二个是从30岁开始每年存款10 000元，一直存到60岁，然后在60岁时取出作为养老金，那么在年理财收益率为7%的情况下，你会选择哪个方案？

对于这个问题，相信绝大多数人都会不假思索地选择后者——毕竟第一个方案的本金只有10万元，而第二个方案却有30万元，两者相差有2倍之多。然而，由上面的数据可见，这个选择完全是错误的。因为投资理财中有两种强大的力量：时间与复利。也就是说，对于个人而言，越早开始储蓄就越好，越早开始理财越好，时间与复利的威力无穷！

尽管后者的本金是前者的3倍，但最终的结果却是10＞30。而这其中的玄妙，即为“时间的复利”效应。

早理财与晚理财的差别就在于，早理财让你能够更早地抓住不该溜走的机会，让你尽早享受到生活。

如今，很多大学生刚刚踏出校门便开始理财，做起了金钱的主人，取得了不俗的理财效果。

小韩已经毕业半个月，大四最后一个学期在成都一家著名的IT公司实习了三个多月，毕业后就直接成为这家公司的销售代表，月薪2 200元。工作几年之后，获得了一定理财收益的小韩这样给别人介绍经验：

我是这样做的，每个月工资打到我的账户上后，我会先存

1 000元到银行，然后再花500元到银行购买一个品种的货币市场基金，数量都是500份——我认为这500元的主要投资目的是保值和储蓄，既避免了随手乱花钱的坏习惯，又在不知不觉中积累了“第一桶金”。

刚毕业时，一位同事就提醒我买一份保险。由于工作原因我经常出差，平时也比较辛苦，保险就成为必不可少的一项投资支出。我选择购买的是意外伤害保险，其费用不高却对我非常实用，每个月投在这上面的钱大概是100元左右。

还剩下一些钱，做什么好呢？我咨询了几位理财专家后决定买点共同基金，并采取定期定额的方式直接从银行账户扣除。说实话，对股市，理工科出身的我并不了解，但我认为自己的资产组合确实需要回报稍高的项目，共同基金由投资专家代为打理，表现通常要稳定一些。这只算小打小闹吧，但重要的是，采取定期定额的方式，可以强制我自己“储蓄”，为未来打下基础。当然，我已经听到了不少的风险提示：共同基金和股市相关，风险比较大。

在做出这些理财规划后，我开始慢慢实施了。我粗略而乐观地算了一笔账，从现在开始4年后，我在货币市场基金的收入将接近3万元，共同基金收入应该也有3万元（按平均收益率10%计算），这样6万元的财产足够我支付一套小户型商品房的首付了。

小韩是个优雅的女孩子，她懂得刚拿到薪水就为自己的未来打算，我们也相信，她的理财态度，肯定会让她比相同收入水平的人更早享受到自己的幸福。

然而，还有很多刚毕业的女孩子们，由于不懂理财，拿到薪水之后，总是胡乱花销，结果非常容易沦为入不敷出的“月光一族”；而像小韩这样的女孩，懂得合理规划自己的资产，就会越来越富有。因此，是否会理财也许会成为你能否致富的关键因素之一。在此，为刚参加工作的大学生，尤其是女大学生介绍几招理财经验。

1. 一定要学会强制储蓄

对于刚参加工作不久的大学生来说，资金不足，理财经验匮乏，花钱没计划等问题是很普遍的。即使有资金参与理财，但不少理财产品门槛高，也会被拒之门外，如银行理财起点都在5万元以上。

因此，通过强制性储蓄来积蓄人生中的首笔财富不失为一种最有效的理财之道，它可以帮助爱花钱的人改掉不良的消费习惯，同时又为今后的生活积累一笔可观的资本。

2. 一定要学会精打细算

实际上，任何理财都离不开开源节流这一根主线，刚参加工作的大学生由于没有雄厚的财力更是如此。在不断扩大财富渠道的同时，节约开支也是不可忽视的，不积细流，无以成大渊。

3. 尝试风险理财

年轻人精力充沛，风华正茂，是很有发展潜力的一个群体，风险承受能力也很强。因此，当有一定积蓄的时候，可尝试一些高风险的理财产品，如可购买股票或者股票性基金，收益更高，可使财富快速增值。

如果懂得运用这些最基本的理财方法，能够守住最基本的理财原则，那么恭喜你，即使你只是刚进社会的新人，你却已经站在了掌握金钱命运的道路上。“早理财，早享受！”

财务有计划，理财才科学

如果没有根据自己的财务状况制订适合自己的计划，那么，理财就只是“乱弹琴”。科学的计划，能够让你的理财名目更清晰、目标更明确。对于女人来说，有计划地生活，比没有计划地混日子要好得多！因为女人年轻的日子不多，成熟的日子不少。每个女人都希望能够在如花般的年龄里活出自己的精彩，希望能够在自己的成熟期散发迷人的韵味。而一个女人的理财态度，很大程度上决定了一个女人的生活状态。

所以，女人们要好好学学理财知识，做金钱的主人。希望女人们能够保持头脑清醒，在年轻的时候就订立出适合自己的理财计划，让自己尽早走上科学的理财道路。

一般来说，踏入社会之后，我们需要根据自己的情况做好涉及金钱的方方面面的计划。这些计划主要包括以下几个方面：

消费和储蓄计划。我们需要决定在全年的收入里拿出多少用于消费，多少用于储蓄。与此计划有关的任务是编制年度收支表和预算表。

债务计划。在进行买房等投资项目时，借债是很正常的事情。借债能帮助我们解决资金短缺的难题，也能让我们避免错失投资良机。但是，我们需要对债务加以管理，将其控制在一定范围内，并且尽可能地降低债务成本。

还债计划。借债不是坏事，但是有借不还，就会影响你日后的生活，因为你的人际关系和信用都会受到影响。所以，在借债之后，我们千万不能忘了做好还债计划。

保险计划。随着收入越来越稳定，我们会拥有越来越多的固定资产，这时我们需要财产保险；为了家庭生活的幸福、生活质量的提高，我们需要人寿保险；更重要的是为了应对疾病和其他意外伤害，我们需要医疗保险。

投资计划。当我们的财富一天天增加的时候，我们迫切寻找一种融收益性、安全性和流动性为一体的投资方式。投资有很多种方式，我们要根据自己的情况合理选择。

晚年生活计划。为了保证自己的晚年生活无忧，我们除购买养老保险外，还应该留够晚年所需的生活费用。

不管你是未婚的妙龄少女，还是已婚的成熟美妇，或者是已有孩子的爱心妈妈，我们都希望美丽的你，能够做一个精明的女人。为自己和自己家庭的经济状况把一把脉，弄清楚自己和家庭的经济现状中有哪些伤疤？有哪些需要好好重新计划的项目？要厘清这些计划，不是一件简单的事，你需要学习理财知识，对家庭的财务状况有个初步了解，然后再根据缺口做出相应的补救计划，也就是适合你自己家庭的科学的理财规划。可能说得有些空泛，我们不妨来借鉴一下张太太的做法。

张太太，38岁，是一个全职太太，她的丈夫40岁，正处于职业生涯的发展期。张太太家庭现阶段拥有60平方米的住房一套，家庭收入较为稳定，拥有15万元的存款以及3万元公积金而且房屋无贷款，每月家庭收入总计8 000元，支出为5 000元，孩子上六年级。

孩子慢慢长大，张太太感到了家庭支出的紧张，于是，她好好审视了家庭的经济现状，发现家庭中的经济存在很多缺口，这些缺口，或远或近地将影响到她和家人的生活质量。

1. 养老金缺口

假定张太太的丈夫60岁退休余寿25年，以张先生要求的退休后年现值4.8万元支出的生活水准计算，考虑到3%的通胀率，那么张先生60岁退休当年终值为8.6693万元，按5%的投资报酬率，张先生在余寿25年内所需要的60岁时的养老金现值为173.7597万元。而从目前的数据来计算，张先生的养老金缺口还需130万元，否则到时候，张太太与先生的晚年生活质量将得不到很好的保障。

2. 换房资金缺口

作为三口之家，张先生60平方米的小房确实需要进行更换，假设张先生的目标房产总价100万元，而目前房产估价为30万元，那么如果进行换房，张先生不仅要卖掉现有房产还将花掉所有的积蓄，背上50万元的贷款。

3. 教育资金缺口

孩子正在上小学，但孩子的长期发展需要足够的教育金，张先生必须及早准备子女的教育金。

4. 保险品种缺口

目前张太太家没有任何商业保险，一旦有意外，将产生严重后果。防范风险的最佳办法就是购买足额的人寿保险。

所以，优雅的张太太在学习理财知识后，认真地做了分析，将家庭目前的理财计划做了初步的规划。她按照短期、中期、长期的阶段性目标，分别做出了远近轻重的规划：短期要做保险规划；中期要做教育金和换房规划；长期需要做好养老计划。

在为自己家庭的经济状况把脉之后，张太太很快发现，原来觉得杂乱的家庭财务状况清晰了起来，接下来应该如何做，她心里已经很清楚。

首先，需要实现短期的理财计划，那就是购买保险。在收入有限的情况下，张太太想到了通过节流的方式来积攒出这部分规划所需要的资金。因为，张太太发现，目前生活支出占到总收入的62.5%。于是，张太太便减少了奢侈品的购买量，让丈夫上班的交通方式由打车转化为轨道交通……这样，预计月支出由5 000元降为4 000元，使总支出达到占总收入的50%的合理比例。通过一段时间的积累，短期理财计划的资金就慢慢省出来了。

接着，就是需要考虑中长期的规划了。为了不影响家庭的生活质量，家里目前的支出情况不能再降低了，于是张太太又想到了开源。张太太今年38岁，学历较高，她预计自己的工作月收入能达到5 000元/月，同时改请月支出为800元/月的钟点工。这样，家庭的收入立马增加，在中长期的规划上，就更容易掌握主动权了。

我们相信，优雅的张太太在接下来的日子里，通过自己的努力和家人的合作，再配合其他理财工具，日子会越过越舒服。而我们呢？我们自己家里是否也存在这样或那样的财务缺口呢？如果不先了解清楚这些财务缺口，我们就无法根据这些缺口做出合适的理财规划，那我们的理财也就失去作用了。所以，亲爱的姐妹们，不妨现在就开始清点一下家里的财务缺口，做出科学的财务计划吧！

制订理财计划，金钱需要慢慢打理

我们先来看一个小故事：

有两个小和尚，他们分别住在相邻的两座山上的庙里，这两座山之间有一条小溪。这两个和尚每天都会在同一时间下山去溪边挑水。久而久之，他们便成为好朋友了。

突然有一天，左边这座山的和尚没有下山挑水，右边那座山的和尚心想：“他大概睡过头了。”他便不以为意。哪知第二天，左边这座山的和尚，还是没有下山挑水。第三天也一样。过了一个星期，还是这样。直到过了一个月，右边那座山的和尚，终于受不了了。他心想：“我的朋友可能生病了，我要过去拜访他，看看能不能帮上什么忙。”

于是他便爬上了左边那座山去探望他的老朋友，等他到达庙里看到好友时好奇地问：“你已经一个月没有下山挑水了，难道你不用喝水吗？”

左边这座山的和尚说：“来来来，我带你去看。”

于是，他带着右边那座山的和尚走到庙的后院，指着一口井说："5年来，我每天做完功课后，都会抽空挖这口井。即使有时很忙，也会多少挖一些。如今，终于让我挖出井水，我就不必再下山挑水了，我可以有更多时间练我喜欢的太极拳。"

挖井、吃到井水是一个日积月累的过程，其实，理财同样如此。理财需要规划，需要根据自己的情况制订详细的计划，正犹如挖井前要根据自家的地理位置弄清楚该不该挖，应该在哪里挖一样。同时，理财还需要长时间的坚持执行，正如和尚用5年的时间来挖一口井一样，要想喝到清甜的井水，我们也需要一直按照规划，坚持持久理财。

如何理好财呢？对于从来没有尝试过理财的女性朋友们来说，可以好好参考一下下面的步骤，并且坚持下来，你会发现收获不小。

首先，要沟通。理财永远都不是一个人的事，尤其是对有了家庭的女人来说，更需要在理财前先和老公好好沟通，说清楚自己的想法，取得老公的赞成和支持，否则自己一个人忙活半天，理不理得清楚财不说，说不定还因此影响跟老公的关系。这一步很重要，它既可以成为日后你坚持的动力，更是你开始理财的前提条件。

其次，要记账。记账就是让你先弄清楚自家收入支出的具体情况，不然，这财从何理起？记账四原则：一是坚持到底，不要半途而废；二是分门别类，花销只记到相应类别里即可；三是抓大略小，只记到10元为最小单位即可，不必详细到几分几角；四是固定记账时间，例如每周日晚上对这一周的花销进行记账，而不是每天都记，既麻烦又浪费时间。

在坚持记账1年之后，到年底的时候，需要做一个年终核算，并做出详细的统计分析，弄清楚家庭的收支状况。比如说：

李女士通过1年的记账，统计之后，得出家里的收支状况如下：

收入：李女士与其爱人工作性质都比较稳定，每月固定收入共有6 000元左右，年底有两万元奖金。合计年收入9万元左右。

支出：生活费2 000×12=24 000（元），儿子花销500×12=6 000（元），爸爸妈妈公公婆婆花销约10 000元，保险费5 000元，其他5 000元，合计约50 000元。

节余：40 000元左右。

因此，从李女士家目前的收支状况中可以发现，她家的收入比较稳定，不用太担心生活质量；而支出的事项都是必须支出的，没有浪费、超支的情况发生；收支状况良好，每年还有4万元结余，可以保持目前的收支情况。接下来就需要考虑如何利用好每年结余的钱了。

由于每年的收入稳定，支出项目短时间内不会有太大的变动，因此，每年结余4万元的数目比较稳定，这样，每年的4万元就成为闲散资金，可以适当考虑做出合理的投资计划。对于李女士的家庭来说，因为上有老，下有小，所以在投资时应该选择风险低的方式。

保险：目前，李女士家的保险投入费用已经算比较高了，所以不需要考虑再投入；如果投入，可以考虑孩子的教育保险投资。

基金：可以考虑风险相对较低的货币基金，每月固定购买。

储蓄：这个投资是为了保证生活的不时之需而设立的，每月存1 000元钱的1年定期转存，存够12笔就不存了，合计共12 000元。

国债：因为李女士的家庭在年终时，有一次性的年终奖达到两万元，所以，这笔资金可以用来一次性购买一笔国债；而平时的节余凑够5 000元或者10 000元就可以去买一笔国债。

如此，就可以在保证低风险的同时，有了生活保障，还有了一定的收益，让钱自己生钱，这样就做到了合理理财。

最后，切忌急躁。不能简单地以为理财就是投资。理财是一个漫长的过程，你的金钱需要慢慢地用心打理。

不同年龄的女人有不同的理财方案

理财是每个女人的必修课，但是，这堂必修课因人而异，不同的女人，应该有不同的理财方案。你的年龄，直接决定了你应该制订怎样的理财方案。

对于20多岁的女孩来说，如果你仅仅知道追求吃穿玩、追求享受、爱慕虚荣，不知道进取，不知道奋斗为何物，不愿意受苦受累……那么你就大错特错了。

20多岁，应该是好好学习最基本的理财知识的年龄，应该是学会如何把自己打理好的年龄。错过了在这个年龄阶段的理财规划，你的余生都可能会在稀里糊涂的用钱习惯中度过。

20多岁的女性，大多还是单身，刚刚离开学校踏入社会，很容易沦为“月光族”“卡卡族”，此时关键是要养成良好的理财习惯。

你要学会记账，通过记账，你会发现自己在消费中存在的问题，进而养成储蓄和计划的良好习惯。

你要积少成多，哪怕每月只存几百元，也可以通过基金的定额定投来进行投资。相对来说，投资组合可以配置多些，股票、股票型基金或配置型基金等风险稍高的品种都可以考虑。

你要提升自己，积累无形财富。俗话说，投资脖子以上部位永远没错。新进入社会和职场，开阔视野，充实自我，提升自己的综合素质和工作能力，都对自我价值的提升大有裨益。

不要用你年轻的张狂对这些你本该做的事情表示不屑，你知道吗？你的不屑会让你将来比别人多奋斗10年都不止。在你浑浑噩噩地享受着肆无忌惮地用钱的快乐的时候，你的同龄人都已经开始最初的理财尝试，为自己掘取年轻时的第一桶金了。晓莹就是这样一个女孩。

晓莹开始炒股是在大学的时候，她最初炒股时的资金是从父亲那里借来的1万元启动金。“当时对股票一窍不通，但哥哥们都是多年的股票玩家，他们对我说，女人天生有第六感，尤其是我，运气特别好，一定成。当时我还是个穷学生，每个月1 000元的生活费，想买件漂亮衣服都得存好几个月，还要向哥哥们伸手，感觉没钱真难受。所以应了那句古话，无知者无畏，我的底线就是1万都赔光了，上班以后慢慢还给老爸。不怕输，这就是年轻的资本，可以重新来过。”晓莹认为，年轻的时候不应该用金钱去享受，应该拿着钱去投资，让它升值。结果，大学4年下来，晓莹用保守的心态将从爸爸手里借的1万元钱变成了10万元钱。

还只是大学生的晓莹，就用她的理财计划为自己走向社会奠定了一定的基础。已经走向社会的你呢？你已经开始拿工资了，你的钱比晓莹多吧？可是，你理财了吗？你的钱都花在了哪里？正如晓莹所说，20多岁，正是积累资本的好时候，为何不让自己在这几年里好好地见证一下理财的力量呢？

当二打头的年龄画上句号，以往无忧无虑的都市女性会突然发现生活里多了些不浓不淡的阴霾：房贷又涨了，老公需要添一部车子，爸爸妈妈看病的花销逐年递增，公司的职位突然多了好多年轻的女孩来竞争……还有，生育宝宝和抚养他到18岁的开支居然要好几十万元！于是，30多岁的女人担忧开始多了起来，她们需要关注自己，也需要关注家人。

30多岁，是家庭开支最大、经济负担最重的阶段。这个时候的女人，需要改变20多岁的理财策略，将关注重点逐渐由个人转移到家庭上。消费要有计划，投资需降低风险。

这个年龄段的女性，要根据自己的年龄、收入、身份和工作需要等配置一些必不可少的护肤品、服装，或是有一些娱乐活动、人际应酬的花销，甚至是完成婚姻大事等，一般开销较大。在投资方面，可适当增加一些稳健型品种，逐渐降低高风险投资品种，配置部分流动性稍高的品种以应对可能出现的短期大笔支出。

而家庭中一旦有新成员加入，就要重新审视家庭财务构成了。除了原有的支出之外，小宝贝的养育、教育费用更是一笔庞大的支出。在小宝贝一两岁时，便可开始购买教育险或通过定期定投的基金来筹措子女的教育经费，子女教育基金的投资期一般在15年以上。

另外，越是经济压力大的时期，保险的配置越是重要。

或许你在20多岁的时候还没有理财的想法，那么你只能在这个阶段从零开始，好好地理理财了。

“老公是我高中的同学，在一个垄断行业，工资收入是我的三倍。我们是典型的周末夫妻，他在郊县工作，我在省会。我在单位有宿舍，于是周一到周四我都过着快乐的‘单身女人’的生活，周末基本上是我回到老公身边，家务虽少，但我们太懒，请了个钟点工，一个星期打扫两次，而结婚的前几年都没自己在家做过饭。接着，儿子出生了，我老公也买了辆十多万元的车。后来，一晃儿子半岁了，休完产假不能让他也跟着我住集体宿舍，于是我像疯了一样地开始到处问房子。最后在一个星期内用光了家里的钱，买了一套现房。在这个过程中，我才知道我错失了许多钱生钱的机会，一是先买车后买房，是个错误；二是买房时，老公卡上的现金全是活期，家里没有一张定期存单，可惜了利息；三是从没在家里开伙，浪费了许多钱。还好31岁的女人现在努力也不晚，仍要给自己掌声，鼓励一下。”

这是一个30多岁的已婚妈妈给自己提的醒，由于20多岁没有理财规划，导致自己错失了很多机会，有了孩子之后，开支慢慢增大，房子、车子的费用也出现在眼前，于是保险等理财概念也涌入头脑。我们祝福她，她的开始还不太晚！你呢？30多岁的你准备好了吗？

相对于二三十岁的女人来说，40岁的女人更容易迷失。本以为自己属于家庭，所有的生活也仅仅是围绕丈夫与子女团团转，却突然发现，曾经充实忙碌的自己落了空，这个时候，我们需要重新找回自己。女人不要把自己当作花，花儿总有凋谢的时候；女人要把自己当成树，只有经受风雨，才能开花结果。

所以，如果你40岁了，不要再抱怨时光匆匆把你这么快就变老，你应该为你退休后的生活准备“养老金”了。这个时候，优雅的女人会根据家庭成员的状况分别安排资金。由于此时家庭资金刚性支出压力较小，可以给自己或家庭成员再购买保险，资金充裕的话还可以考虑再购买一套房等。但仍不宜进行炒股等高风险的投资，宜改投国债或者货币市场基金这类低风险的产品。

你要相信，不管你是20多岁的美丽女孩，还是30多岁的美丽少妇，或是40多岁的美丽母亲，你都是一棵坚韧的树，而合适的理财方案则是让这棵树保持茂盛的肥料。你应该找到适合你的化肥，让它为你的茂盛发挥作用。

制订财务报表，将钱数字化

看着钱包里的钱哗哗地流走，心疼的同时你反思了吗？你有想办法弄清楚自己到底是在哪些地方花了不该花的钱吗？如果还没有，那很不幸地告诉你，接下来的日子里，你还将继续过着这样花钱如流水、流水之后后悔不已的生活。

如何让自己从这种痛苦的状态中走出来？其实很简单，做一个财务报表，这是具有细心特点的女人们最擅长做的事情，所以，千万不要畏惧，先从查自己的账开始做起就行。做财务报表最直接的优点是可以让你很快明晰自己的花销，让你明白无谓的开支在哪里，这样，下阶段你就可以有针对性地控制开支。而控制开支则是最简单的理财入手方式。财务报表包括支出统计表和收入统计表两个部分，其中最重要的是支出统计表。在支出统计表中写下每月的固定支出，如交通、水电煤气、按揭贷款等，以及每月不定额的支出，例如娱乐消遣、衣饰、家电等。接着，记下每月各项收入来源及金额：工作薪酬、兼职所得、银行利息、投资回报等。让你对自己的收支情况一目了然，而不是一头雾水。

当然，根据每个家庭的实际情况，可以对表做出适当的增删修改。而家庭收入统计表则比较简单，列出十二个月的收入及收入来源情况即可。然后，每个季度对家里的支出与收入统计表做一个核算，弄清楚每个月花销最大的地方在哪里，每个月盈余多少，看看收支是否平衡。通过这一系列的分析，你就会发现下一阶段应该缩减哪部分的开支，增加哪部分的投资等，从而对家庭的收支状况做一个合理的调整。

说得很烦琐，其实简单地说，制作家庭财务报表最初就是记账。记账虽然烦琐了点，但用处很大，也是理财的基础。而且，记账的好处不在一天两天，它的好处会随着时间的增加而日益凸显出来。通过记账，你就会慢慢明白自己家里的财务情况。如果刚开始你不会做报表，那么，随着记账时日的累积，你会不自觉地学会如何制作属于你的家庭财务报表，并派上用场。

一表在手，收支清楚。那种花钱如流水，可钱用在哪里都搞不清楚的糊涂日子，将会随着报表的出现而消逝不见。如果你是一个有心人，是一个希望把家庭打理得更好的女人，你就更需要这样做，它会让你觉得日子不是在稀里糊涂中度过，而是在你的操控下有序地发展。

理财依据自身特点，莫照搬照抄

处在人生不同阶段、不同层次的人群理财重点各有不同。很多女人在理财时缺乏主见，总是跟随亲朋好友的脚步，模仿别人的理财方法来理自己的财。其实，这是很危险的一件事情，即使是衣服，别人的衣服你穿着都未必合适，更别说理财工具了。

不论是股票还是基金、房地产等任何一种投资工具，过度依赖它们过去的绩效与别人的经验而盲目跟风，无疑是最冒险的行为。

“人贵在自知”，赚钱或者理财的成败，绝大多数取决于投资人的个性。在理财行为上，首先要了解自己拥有多少可动用资金，例如经济来源、收支情形、储蓄总额等，弄清楚之后，再来设定理财目标，才会知道该采取怎样的策略。但是很多人都不去认识真正的“自己”，总是跟在别人屁股后面跑，哪里热就往哪里钻，不撞南墙不回头。

各家有各家不同的经，拿着别人家的经套用到自己家的理财状况，其实是拿着自己的钱在冒险。下面，我们来对比两个案例：

案例1

“2000年，我已经毕业5年了，手里的全部积蓄只有10万元。当时在广州，我外婆有个机会可以半价买一个新区的房子。需要20万元。我咬咬牙用全部的储蓄，再向家人借了10万元，把房子买了下来。后面的两年，我过得好苦，每个月只有500元零花钱，其他全部用来供房子。

“结婚后，我和老公在深圳有一套80平方米的房子，一直感觉太小了，想换大房子。到2003年时，家里好不容易有30万元现金了，老公却说要买车，我一直不同意。因为我还要买房子。

“老公好不容易被我说服了。终于，我们找到一个全家都很喜欢的房子，75万元。我们又开始借钱了，老公说要把小房卖了，40万元，加上30多万元正好买大房子。我坚决不同意，后来老公还是听我的，我们每月又开始节衣缩食地供房子。

“老公总是说要卖房子，我一直坚持没让他卖。2005年，我们终于把房子全部供完了。

“盘点了这6年的投资收获：广州的房子，已经由20万元涨到50多万元；深圳自己住的房子，已经由75万元涨到110万元。今年，我把原来小房子卖了73万元（2003年时只有43万元）；然后把73万元放在股票里，又赚了20多万元。也就是说，用6年的时间，我靠理财赚了80多万元。”

案例2

顾先生今年28岁，是某公司的销售经理，税后月收入在3 000元到1万元不等。他太太在事业单位，从事文职工作，月收入5 000元。目前，夫妻两人都有五险一金，双方父母均已退休，有退休金。

顾先生现有活期存款10万元，没有负债，家庭每月生活费支出4 200元左右，另外每年给双方老人总共5 000元左右的费用。顾先生和太太的住房是5年前父母出钱一次性付清50万元购买的，目前市值约100万元。顾先生还打理一套父母的70平方米的房子，每月能收到租金2 500元。

顾先生没有购买商业保险，因为比较谨慎，也没有过多投资，只持有一些股票，市值约15万元。顾先生看到房地产市场很热，见很多朋友都在房地产市场赚到了不少的银子，便一狠心，收回了股市的15万元，加上活期存款8万元，再向别人借了7万元，买了一栋90平方米的房子，月供3 000元。

结果，生活一下子过得谨慎、小心、紧巴起来。因为存款少了，而且还背负了债务，房租的费用还不够偿还月供的，两岁孩子的教育经费还没开始投入……而买的房子，暂时也并没有增值的迹象。顾先生的生活一时间发生了巨大的变化，手上再也阔绰不起来。

其实，从这两个案例中，我们能深切地感受到一个问题，那就是不同的家庭情况，确实不应该用相同的方式理财。像这两个例子中的主人公都有较多的房产，但是，一种是主动型的投资家庭，一种是稳健型的。案例1中的夫妻还没有要孩子的打算，所以，在有限的资产范围内，由于所处地理位置优越，房价升值空间大，便将投资放在了房地产市场上，能够获得明显的收益；而案例2中，由于主人公的收入不够稳定，再加上已经有了孩子，那就不能像案例1中的主人那样冒大风险做高额投资了，而且，之前投资在股市的15万元其实也是欠缺考虑的，因为风险太大。案例1中的主人公，通过黄金地段的房地产投资，让自己的资产几年间迅速升值；但是这种情况并不适合所有的家庭，比如说，在案例2中，主人公就是因为盲从，导致套牢了大部分资金，让本来有盈余的生活质量瞬间下降。其实，如果案例2中的主人公能够仔细分析自己的财务状况，采取稳健型的投资方式，他的生活质量不仅不会下降，反而会在稳中收益。

在考试时，抄别人的试卷有可能会让你拿到高分，但是，在理财中，如果总是照搬照抄别人的方法，你永远也不会有属于自己的理财思维，也永远锻炼不出精准的理财眼光，更惨的是，照搬别人的方法，失败的几率反而会大大增加。

理财贵在坚持，不要轻言放弃

李嘉诚曾说，理财必须花费较长时间，短时间是看不出效果的。“股神”巴菲特也曾说过：“我不懂怎样才能尽快赚钱，我只知道随着时日增长赚到钱。”

在银行每天接触各种理财工具的工作人员陈某说，理财的第一原则就是尽早开始，并坚持长期投资。但是，能够真正在理财的道路上坚持的人很少很少。前两年，基金都是翻倍增长，所以年长的投资者都把自己的养老钱拿出来购买基金，但是，每年100%甚至200%的收益率，并不是投资基金的常态，而是在特殊的牛市上涨行情中出现的特殊高回报。而理财是对一生财富的安排，如何在波动的行情中稳中求胜，是现在我们最应当考虑的。

任何一种理财方式，都是时间见分晓，耐不住性子的人，也许短期内能够获得较高收益，但是，总会因为性子急而失去更多。就以基金为例，在众多的理财方法里，基金定投最能考核人的坚持劲。这种方式能自动做到涨时少买，跌时多买，不但可以分散投资风险，而且单位平均成本也低于平均市场价格，但其难度就在于是否能够长期坚持。

有的人，能够坚持10年，在这10年中，经历过不少惨境，也经历过小涨小跌的平缓期，但都没有半途而废，而是用10年的时间，最终让自己收益达到同期基金中的最高水平。

1998年3月，当我国发行第一只封闭式基金时，王女士参加了申购，从此开始了与基金长达10余年的不了情。最初，她用2万元申购到了一千份基金金泰，上市后价格持续上升，身边炒股的朋友劝她卖出，但她坚持没卖，一直等涨到两倍时才卖，用1 000元本金居然轻松挣到了1 000元！这是王女士在基金上也是在中国证券市场上挖到的第一桶金，心里别提有多高兴了。之后，基金市场一直火了好几年。

但天有不测风云，中国股市火了几年后，熊市悄悄来临了。漫长的熊市让大家感到痛苦和无奈，经济学家的预测不灵了，基金的投资神话似乎也破灭了。终于，在2005年，黎明前的黑暗中，王女士将封闭式基金卖掉了，只留下一千份基金兴华。

时间到了2006年9月，她不经意间听了一场基金讲座，让她忽然发现中国的证券市场已是冬去春来了！于是，在王女士40岁生日这天，她果断地将10万元投资到华夏红利基金中，“周围的人都认为我疯了，但是我知道，坚持一定会有收益，等了这么多年，该是收益的时候了！”

果然，仅8个月的时间，王女士的收益已翻倍有余。她庆幸在最惨淡的时候，她没有半路放弃，而是咬牙坚持了下来，整整10年，最终得到的还是收获。

像这位朋友这样10年的坚持，少有人能够做到。尤其是很多患得患失的女性朋友，更是容易在稍微有点上涨或者跌落的趋势时就动摇、放弃，这样永远都得不到好的收益。

理财最重要的是能够稳住，在最糟糕的情况下稳住，坚信时间将会改变局势。相信很多半途而废的理财人士在看着那些本来可以进入自己口袋的收益，因为自己的提早放弃而流失时，都有相同的感受。

其实，很多人在投资一项理财工具时，都有着侥幸的心理，也有遭遇风险的心理准备，按理说，应该能够经得起时间的考验。但是，往往真的出现风吹草动时，很多人就跟风放弃了。有坚持的想法，却没有坚持的决心；有坚持的理由，却没有坚持的行动，最终也就只能是小打小闹了。这种坚持之心，也不是通过训导能够说服的，只有我们亲身经历过，尝过一次甜头，才会真的相信坚持的魔力。

最后，我们就用一个有着多年理财经验的女士的理财心得结尾，希望对大家有所帮助。“关于理财，每一个人的性格、方式和风险承受能力都不同。但是，我觉得一定要有一个信念——如果自己有坚定的信念和看好的投资方法，就一定要坚持。例如，你认为基金定投作为一种长期的理财投资品种，坚持三年五年，甚至10年时间可以收到可观回报，那你就一定要坚持每个月都定投，不要看到股市行情不好，赔钱了，就放弃了自己的信念。我觉得既然是自己认定的路就一定要走到底，千万不要半途而废……”

第四章 CHAPTER 4

把钱用在刀刃上，精打细算过日子

花钱是一门艺术，每个人都会花钱，但并非每个人都能花好钱。如果你想积累很多财富，就要在乎每1分钱。理财专家认为，你省下的每1元钱，其价值都大于你赚进的1元钱。

节约1元钱，就是赚了1元钱

不要让自己的支出超过自己的收入，如果支出超过收入便是不正常的现象，更谈不上发财致富了。

一个偶然的机会，一位卖蛋的生意人向大富商亚凯德咨询致富的秘诀。

亚凯德笑了笑，向那位自称很节俭的人问了个问题：“假使你每天早上收进10个蛋放到蛋篮里，每天晚上你从蛋篮里取出9个蛋，其结果是如何呢？”

“时间久了，蛋篮就要满溢啦。”

“这是什么道理？”

“因为我每天放进的蛋数比取出的蛋数多1个呀。”

“好啦”，亚凯德继续说，“现在我向你介绍发财的第一个秘诀，你要照我告诉你的发财秘诀去做。因为你把10元钱收进钱包里，但你只取出9元钱作为费用，这表示你的钱包已经开始膨胀，当你觉得手中钱包的重量增加时，你的心中一定有满足感。

“不要以为我说得太简单而嘲笑我，发财秘诀往往都是很简单。开始，我的钱包也是空的，无法满足我的发财欲望，不过，当我开始放进10元钱只取出9元花用的时候，我的空钱包便开始膨胀。我想，你如果如法炮制，你的空钱包自然也会膨胀了。

“现在让我来说一个奇妙的发财秘诀，它的道理我也说不清，事实是这样的：当我的支出不超过全部收入的90%时，我就觉得生活过得很不错，不像以前那样穷困。不久，觉得赚钱也比往日容易。能保守而且只花费全部收入的一部分的人，就很容易赚得金钱；反过来说，花尽钱包存款的人，他的钱包永远都是空空的。”

“每次当我把10元钱放进钱包的时候，我最多只花费9元。”有钱人的用钱原则就是这样，只把钱用在该用的地方，他们认为不该用的地方，是一元钱也不会花出去的。以崇尚节俭、爱惜钱财著称的连锁商店大王克里奇，他的商店遍及全美50个州和国外很多地方，他的资产数以亿计，但他的午餐从来都是1美元左右。

克德石油公司老板波尔·克德有一天去参观一个展览，在购票处看到一块牌子写着：“5时以后入场半价收费。”克德一看手表是4时40分，于是他在入口处等了20分钟后，才购买了一张半价票入场，节省下0.25美元。你可知道，克德石油公司每年收入上亿美元，克德之所以节省0.25美元，完全是受他节俭的习惯和精神所支配，这也是他成为富豪的原因之一。

女人在该舍得的时候要大方，该节省的时候要节俭。

银行家出身的著名的犹太船商斯图亚特曾经有一句名言，他说：“在经营中，每节约一分钱，就会使利润增加一分，节约与利润是成正比的。”

斯图亚特努力提高旧船的操作等级以取得更高的租金，并降低燃油和人员的费用。也许是银行家出身的缘故，他对于控制成本和费用开支特别重视。他一直坚持不让他的船长耗费公司的一分钱，他也不允许管理技术方面工作的负责人直接向船坞支付修理费用，原因是“他们没有钱财意识”。因此，水手们称他是一个“十分讨厌、吝啬的人”。直到他建立了庞大的商业王国，他的这种节约的习惯仍保留着。

一位在他身边服务多年的高级职员曾经回忆说：“在我为他服务的日子里，他给我的办事指示都用手写的条子传达。他用来写这些条子的白纸，都是纸质粗劣的信纸，而且写一张一行的窄条子，他会把写的字撕成一张长条子送出，这样的话，一张信纸大小的白纸也可以写三四张‘最高指示’。”一张只用了1/5的白纸，不应把其余的部分浪费掉，这就是他“能省则省”的原则。

可见，无论生意做多大，要想取得更多的利润，节约每一分钱，实行最低成本原则仍然是非常必要的。

节约每一分钱，应该是每个年轻女性朋友对自己的基本要求。

哪怕说得天花乱坠，也不盲目消费

在商品市场，商家都有这样的说法：“婴儿和女人的钱最易赚”。商家深知，女人都比较虚荣爱打扮，衣服、化妆品、精品手袋，无一不是追随着时代的潮流去消费，因此女人花钱总是比男人快。所以，精明的商家们也总会变换种种花样来推荐自己的产品，吸引女人的注意。流行时尚的刺激以及追求青春的靓丽、追求攀比的虚荣，让一个个女人失去了理智，刷新着一个又一个的消费高潮。

在商场推销员巧舌如簧的攻势下，女人们总是不由自主地买下一件又一件自己并不需要的服装，买下一件又一件家里根本用不着的物品。正所谓，“女人们的衣柜永远都少一件衣服”，不是真的少了衣服，而是女人们的心永远都不满足，在觉得自己总少衣服的同时，衣柜里却存留了一大批根本一次都没穿过的衣服。

王小姐就是这样一个女人，她看着自己衣柜里数不尽的衣服，总是头疼。“有时候陪朋友逛街，心里想好了绝不乱买东西，可是每一次朋友东挑西拣地没有买成，我却大包小包地拎了回家。每一次在店员的赞美声中，在女友赞许的眼神中，我便会头脑发热，回到家里，面对一包包的购物袋，才发现我这个月又超支了。想想还是和老公出门省钱呀，他经常带着我从商场的楼上逛到楼下，然后空手而归，虽然有时候会郁闷，可是却控制了我乱买东西的欲望。”

估计很多女人都有和王女士类似的经历，可是，为什么我们和老公一起出去就可以控制住购物的欲望了呢？主要是因为相对来说，男性面对各种广告和赞美之词时会比较理性，不会一时头脑发热而冲动消费。

在网上看了一则新闻：在推销员的游说下，家住武昌紫阳路的刘女士一时冲动，居然买了10年都用不完的清洗剂，令她自己后悔不已。

其实，推销员最擅长用的技巧就是对女人进行赞美和肯定。赞美与肯定不仅对女人有美容作用，还是女性购物血拼的兴奋剂。很多女人在买衣服时估计都被售货员称赞过漂亮、气质好，然后，头脑一发热，买了！结果，等买回去之后才发现，除了售货员之外，没有第二个人说好看的。

大家要知道，售货员的职业就是想尽各种办法将她的商品推销出去，不多夸奖夸奖，那不等于不承认自己的商品吗？所以，商场巧舌如簧的售货员，都受过赞美他人之超级肉麻不露痕迹的专业训练，她们绝对能把你赞美到头脑发昏、心甘情愿掏出钞票买下并不适合你的，让你回家就后悔的衣服饰品。即便你发誓以后不会再轻易听信她们的赞美，但往往还是会有下一次。因为你渴望听到赞美，你渴望听到别人对你的承认，与其说是你买了一件你喜欢的衣服回家，不如说是你买了一堆别人的虚假赞美回家。

张小姐跟朋友聊起自己轮番被忽悠的事情：“前阵子，我去一个商场买洗面奶，售货员一个劲儿地给我推销一种洗面奶，说得天花乱坠，说我这样的皮肤就适合这种的，我一想上次都上当了这次不能再相信了。但最后售货员又说，这个就剩最后一瓶了。我一想既然卖得这么快也许她没有忽悠我，结果回家用了三天就感觉彻底上当，洗完后脸像张树皮一样，又干又涩，哎！”

看，这样的经历在绝大部分女人的身上，都没少发生过吧？经不起忽悠，总是不停地被忽悠住。难道就不能在售货员忽悠的时候，你仔细看看她的脸庞？如果使用效果真的有那么好，她为何自己不使用呢？

稍微多一点理智，我们就能摆脱那些不知不觉中被忽悠的痛苦经历。怎么理智？如果你实在是一个不理智的人，想要改掉盲目消费的毛病，就只能从以下几个方面锻炼了：

首先，尽量避免单独一个人购物。在购物时，能拉上男人就拉上男人，让男人给你中肯的评价，让他帮助你冷静你的头脑，让他帮助你抑制购物的冲动。如果你的男人也是一个经不住忽悠、头脑发热的人，那么，你最好拉上和你关系比较好的、说话比较直爽的姐妹，让她们来督促你。

如果只能一个人去购物，那么，在购物之前，先给自己定好目标，弄清楚自己想买什么样的东西之后再上街。比如说，你想买一件衬衣，那么，你就得先想好自己买了之后准备搭配什么衣服，根据这种搭配，需要什么样的样式、颜色、面料等。这些都弄清楚后，直奔目的地，舍弃不是自己预设目标的衬衣，哪怕售货员吹嘘得再好也不要试，更不要买。

最后，也是最有效的一点是，带有限的现金，绝不带卡。比如你估计你想买的衬衣大概在150元左右，那么你最多就带150元钱，绝不多带，这样不仅仅限制了你的购物欲望，避免冲动地盲目购物，还能让你更顺利地砍下价来！

我们都爱听好话，可是我们也必须知道，好话不是售货员免费说给我们听的，是需要我们拿钱来买的。我们用自己挣的钱来买别人的口水话，买别人虚伪的夸奖，何必呢？这不是自欺欺人吗？所以，面对售货员天花乱坠的吹捧时，尽量远离。

别浪费用钱买来的学习机会

在如今大学的校园里，人们不难发现许多不再年轻的女性的身影。很多30岁上下的妈妈学生到这里“充电”，她们中有人从来没有上过大学，而有的人已经有了本科文凭，有的甚至有了硕士文凭，但为了进一步实现自我价值，她们毅然再度迈进课堂，并把这种选择称为是对自己未来的一种投资。同时，除了大学校园之外，很多业余的学习班里也总是能见到自主学习的女性朋友们。夜班、周末班，学语言、会计、厨艺等各方面知识的女性朋友们数不胜数。这种现象是很好的。

毕竟，女人不是因为漂亮而美丽，而是因为美丽才漂亮。这种美是外在的形美与内在的秀美的结合。女人通过学习更多的知识，就能不自觉地积累出属于自己的独有气质。而有气质的女人是最具魅力的，即便是美人迟暮，依然韵味犹存，让人一眼就能看出那份恬淡的气质和舒卷的宁静安然；有气质的女人也是豁达而随和的，既能全心融入热闹的氛围，又能点燃独处的日子；

有气质的女人更是内敛而稳重的，不咄咄逼人，不让别人丧失信心，不大喜大悲，看透人情世故、世态炎凉，她懂得怎样的生活才值得珍重，能淡然处世，绝少贪奢；有气质的女人还是充实而知性的，久经翰墨的熏陶，蕴含着一种灵性与娴静。

所以，做一个有气质、有内涵、有修养、有知识的女人，已经成为很多女人选择业余学习的目标之一，她们要让自己的人生更加完美，要让自身素质更加适应这个社会，要让自己成为一个更坚强的女人。所以，她们将自己辛苦挣的钱投资在学习上，希望牢牢抓住这些学习机会，让自己的人生登上一个新的台阶。

慧慧就是这样的女孩儿。慧慧毕业时被分配在了事业单位工作，但她总想凭自己的真才实学干出点事业来。于是她自学了计算机，后来被聘请到了一家网络公司任职。在那里，她感受到了以前从未有过的压力。为了提高自己，她选择了学习。每天下班以后，她便匆匆忙忙地吃饭，或者泡袋方便面，就直奔各个学校参加学习班。她只用了3年的时间，就拿到了硕士学位。她把学到的知识与工作有机地结合起来，从而使她的工作业绩越来越突出，被领导提拔为部门经理。

有一天，几个同学到慧慧家聚会，就问慧慧："你现在怎么变成了学习狂、工作狂？"但慧慧并不这样认为。她说："拼命学习就是为了充实自己，以后能够得到更好的发展。拼命工作是为了提高生活质量，让自己过得更幸福些。最重要是在学习和工作中，学会了一整套的管理经验与方法，会帮助自己在思考问题时，得出正确的结论。”后来，慧慧带着这些经验与管理方法，跳槽到一家大公司任副总经理。

很多人羡慕慧慧有那么强的学习精神，更敬佩她能够珍惜自己投资的每一个学习机会，最后她成功了。但是同样的，也有很多女人贪图安逸，一旦稳定下来便不思进取，日子得过且过，还总是抱怨自己的收入低。好不容易打算报名学点东西，却总是半途而废，将自己用钱买来的学习机会白白浪费。女人的命运，就把握在自己的手上，如果你就是这样浪费种种可以改变自己命运的机会，那你一生也就注定是庸庸碌碌了。但是，总有人不甘于命运的卑微，她们尽自己最大的努力，奋力地通过学习来改变自己的命运！

18岁的晓静到青岛闯天下，她幸运地在一家房地产公司找到了一个打工机会，每天的工作就是跟别人去居民家的楼上测量窗户的尺寸。一个月下来，除了食宿外，还剩下1 500元钱。刚开始的时候她很满足，可是后来她发现，公司里的其他年轻员工都是正规高校毕业，而自己什么文凭也没有，只是一个给别人跑跑腿儿的小打工妹。“在他们眼里，我其实就是个闲人，我要证明给他们看，打工妹也有自尊！”从此以后，晓静一有空就翻看报纸上的招生广告，她知道唯一能改变自己命运的就是知识。于是她报名参加了自考培训班。结果，仅用3年时间，她就通过本科自学考试并考上研究生，这简直是个奇迹。“知识对于我们每个人都是最公平的，有付出就有回报！知识改变了我的命运！”晓静在她所就读的自考学院引起轰动，可面对老师、同学羡慕的目光和惊讶的神情，晓静却显得很平静。“不管你的起点有多低，基础有多差，也不论你的年龄有多大，条件有多坏，只要有执着的劲头、刻苦的精神，你一定可以做得比我还出色！”

知性女人，微笑留香。平凡的你我，需抬头微笑，将人生中的遗憾化作圆满，心愿变成欣慰。希望我们都能够抓住一切学习机会，让自己褪去平凡，把自己打造成一个知性而美丽的女人！

信用卡不是免费的午餐

各种以女性为目标群体的专属信用卡产品不断涌现，目前市场上的女性信用卡产品主要分为两大类：一类是女性主题信用卡，如中信魔力卡、华夏丽人卡；还有一类则是针对女性客户的联名信用卡，此类卡往往由银行和知名女性杂志品牌、化妆品品牌、特色商家等联名开发，如工行牡丹雅芳联名卡、招行VOGUE钛金信用卡、招行千色店联名信用卡等。女性在银行信用卡客户中已属于“主力军”，估计热爱消费的你也是这“主力军”中的成员吧。

其实，用信用卡方便倒是方便，可是，我们往往忽略了一个事实，那就是，信用卡并非免费的午餐，相反，信用卡是很多女人盲目冲动购物的一个很重要的因素。因为刷卡让女人在购物时看不到现金的流动，减少了不舍感。“自从老公给我办了张信用卡，我就不用带很多现金出门了，买衣服，买鞋子，只要潇洒地签上我的大名就可以了。可是也因为如此，自己花钱也就没有节制了，名牌化妆品没问题，中意的衣服没问题，就都买了回来，一点也不心疼钱，可是当看到家里两个超级大衣柜，竟然都放不下我的衣服时才发现，自己是多么没有理智。”看看，相信有同样经历的女人不在少数吧？

还有一种情况，信用卡为了鼓励女性消费，经常会用积分换礼品的信息来吸引消费者。结果，爱占小便宜的女人们便以为信用卡真的是天上掉下来的馅饼，不光借钱给我们用，还白送东西给我们。于是，就开始为了积分而消费。名目繁多的信用卡积分促销让女人们的荷包不知不觉就敞开了。“即日起至3月31日，连续刷卡消费10天，积分可5倍累计。之后每连续多刷一天，可额外增加1倍积分奖励。积分最高可翻25倍，上限50 000分。”自打收到信用卡中心发来的短信后，为了换取这张信用卡25倍的积分奖励，有人便创下了一个月内天天消费的记录！“第二十天的时候我后悔了，哪里有那么多东西要买啊？可是中途放弃太不划算，只得硬着头皮坚持下来，这种促销实在太恐怖了！”恐怖吧？你也做过这种恐怖的事情吗？

其实，信用卡的奖励计划，最终目标只有一个——去花钱吧！绝大多数的刷卡兑奖之类的活动都要动一番脑子，有时候还需要比拼速度，比如要求顾客在前多少名内刷满特定金额才能获赠礼品，所以，真正要练成“万花丛中过，片叶不沾衣”的高超武功，必须跟银行斗智斗勇。信用卡消费实质就是“拆东墙补西墙”，到头来还是要有借有还，大家千万别捡了芝麻丢了西瓜。

上述这两个方面还只是信用卡给我们女人带来的两个小小的破财行为，更有甚者，如果不懂得按照原则使用信用卡，则会成为“卡奴”，甚至触犯法律。

比如说，杨女士，她就因为信用卡透支，拖欠还款而最终触犯法律。杨女士办理了一张信用卡，两年多来，一直用该卡消费、取现等。杨女士从事的是建材生意，受金融危机影响，流动资金周转不灵，而银行的催缴单却如期而至。“当时手头紧，我想先拖一拖吧，等资金多点的时候连滞纳金一起偿还。”杨女士没有在意银行的电话、发函以及上门催收。直到公安人员找上门来，她才后悔不已：“我怎么也想不到透支信用卡竟然会构成犯罪。”杨女士还掉了欠的9 000多元本金、利息以及滞纳金，但由于透支5 000元以上，经银行催缴三个月以上仍未还款，根据相关法律规定，犯了信用卡诈骗罪。最终，法院经审理，当庭判其拘役4个月，并处罚金2万元。这可是赔了夫人又折兵啊！早知今日，何必当初呢？

信用卡可没有什么人情味可讲，只要你欠钱了，你的信用记录就会受到影响，信用记录受到影响了，你以后再想向银行借钱就难了！这种因小失大，因为一时的爽快而导致自己后续麻烦不断的行为，我们实在不提倡。毕竟，正如前面说的，“信用卡并非免费的午餐”，你吃了午餐，就得付钱。所以，正在使用信用卡的女性朋友们，可千万不要忘记了准时还款！

除了及时还款之外，在还款上还有一点需要十分注意，那就是，还款一定要还完毕！什么叫完毕？就是还得1分都不差。即使你只是欠了银行1分钱，时间长了，你的麻烦也就随之大了！

彭某属于比较早的信用卡用户，之前一直按时还款，在信用卡上也没有出过任何麻烦。有一次，她刷卡消费人民币4万元。还款日前，她分多次还了这些消费金额。可事后她才知道，由于记错了还款额，她少还了0.8元。结果，她惊讶地发现，银行却对她计了两笔共计800元多的利息，是所欠金额的1 000倍！从网上查到账单后，彭某立即致电银行的服务热线进行咨询。原来，根据该银行的信用卡章程规定，如果用户某月没有足额还款，银行将对该月的全部消费额收取利息。也就是说，虽然只欠银行不到1元钱，银行却按照全部消费金额4万元收取了利息。

看看！如果你也粗心遇到这种情况，那岂不是亏大了！信用卡可没那么好说话，欠1分钱就是欠钱，可不能随便地抹去呢！

所以，综合上面这几个方面的情况来看，在使用信用卡时一定要牢记，信用卡并不是免费的午餐，我们要有节制、有规划、有记性地使用信用卡，才不会被信用卡所累。

利用信用卡的优势为自己省钱

我们在使用信用卡时应该有节制、有规划、有记性，那么掌握好这些原则之后，其实就不用那么畏惧信用卡了，因为巧用信用卡，还可以为你省钱、赚钱呢！

1. 帮别人刷信用卡来“套现”

杜某是个典型的购物狂人，一个月固定逛街两次，每次总得花个千八百元的，平时写字楼下就是各类专卖店，临时的购物支出也就不计其数了。但让同事们感到奇怪的是，杜某并不是传说中的“月光族”，她的银行卡里面总有足够的余额，谁要遇上点紧急情况找她借钱准没错。

原来，信用卡“套现”是杜某的一个法宝，她和朋友一起逛街，全部刷自己的卡，然后让朋友还现金，结果杜某就利用积分换到了很多实用的小东西。家里小到餐具、纸巾盒，大到咖啡壶、背包，都是杜某用信用卡积分换来的。

但是，如果直接用信用卡套现，通过预借功能来取现金买这些实用的小东西，就得要收1%~3%的手续费了，而且还不能享受25天到56天的免息期。相比之下，替朋友刷卡“套现”并及时还款，银行的收益只是从商户收取1%~2%的结算手续费，而持卡人没有任何费用支出。这样，就利用银行的钱既做了人情，又为自己赢得了实惠，一箭双雕啊！

2. 利用免息期投资赚钱

我们知道信用卡都有免息期，也就是可以提前消费，过几十天再还钱，这段时间银行免收利息。消费者一般可以享受25~56天的免息期（各银行有所不同），相当于银行借给了消费者一笔约2个月左右的无息贷款，这也正是信用卡最吸引人的地方。通过免息期，就可以为自己省下不少钱，赚到不少利息。

如果你将工资存着不动，申请一张信用卡，平时出门只随身携带少量现金以备应急，而购物、吃饭则能刷卡就刷卡，碰到喜欢的东西，用信用卡消费，只要在免息期内还上欠款，银行就不会收取利息。这样，工资存着可以赚利息，而利用免息期透支消费，花银行的钱又不用掏利息。如果将借记卡里的钱投资在股票、基金或债券上，操作得当的话，收益可比银行活期存款高得多。

李小姐是广州某家银行的理财顾问，工作时间为5年，但已经积累了不少财富。李小姐有一个习惯，不管是请客吃饭，还是购物消费，都喜欢去能刷卡的地方。这让朋友觉得很奇怪，因为李小姐似乎特别不喜欢使用现金。李小姐跟朋友一块儿逛街，相中了一款三星的手机，用信用卡购买，接着两人去超市，李小姐买了一瓶沐浴露，也是用信用卡支付，朋友觉得奇怪，问她这个金额不是很大，用现金不是更方便吗？李小姐笑着回答："我自己的现金得留着啊，只有拿着我的现金我才能去买更多的黄金，而且黄金本月将继续上行，盈利的空间很大。"

听了李小姐一席话，朋友恍然大悟，原来李小姐的财富就是利用这些小小的信用卡缓冲得来的，朋友不得不对李小姐佩服起来。自2006年5月份，李小姐在确认中国股市的上升空间之后，便开始采用平时消费大多使用信用卡，现金投入股市的这种投资方式，结果李小姐2006年在股市的盈利，不仅还清了当年各式各样信用卡的消费，还净赚20万元，是自己工作收益的好几倍。而在2008年，李小姐又看中了黄金的升值空间，她每个月把收入投入购买纸黄金。等到每次信用卡需要还款时，李小姐更是不急，因为那时候，她的投资已经赚到了足够的钱来还欠款。

3. 享受信用卡促销活动提供的折扣优惠来省钱

银行的信用卡促销活动是随每月的对账单一起寄到持卡人手中的。收到对账单后，花几分钟的时间仔细阅读相关内容，也可以登录所持信用卡的银行网站，了解信用卡优惠活动的详情。

比如，某银行的信用卡就涵盖餐饮、娱乐、健身、购物等各类特约优惠商户，持卡人可凭其信用卡卡号享有携程旅行网会员待遇，还有赫兹国际租车公司的特别租车优惠服务等多项服务。

4. 可以利用信用卡来分期购买心仪的商品解决生活急需

如果你很想买某个大件商品，但又不想一次性投入那么多资金，想将现金用于投资，信用卡分期付款功能此时便能用上了。用信用卡分期付款，将所购买的商品金额平均分成若干份（期），每月支付一期，零首付无利息，可提前享用心仪的商品，还能不舍弃自己的投资。

如果能够巧妙运用这四招，时间长了，你算算账就会知道，通过信用卡还真可以省下甚至赚回不少钱呢！

琪琪就巧妙地使用信用卡为自己省下了不少钱。

日常消费中不忘带信用卡。她利用好几张信用卡的不同还款日，享受最长期的免息期。琪琪在消费同时将相同金额投资于一种货币市场基金，快到信用卡还款日前几天，琪琪就将货币基金赎回还信用卡欠款，每月如此，年底细细一算，这一项她进账近100元。

在装修、买大件商品时也刷信用卡。琪琪装修新房，置办了32英寸的液晶电视、滚筒洗衣机、燃气热水器，花费6 000多元；又买了卧房四件套、沙发、茶几，花费60 000多元，她都通过信用卡付款，在免息期将现金投资货币市场基金，她又获得近270元的收益。

聚餐出差时也用信用卡。在出差、AA制的聚餐等付款时，琪琪总是利用信用卡付款，一段时间后，信用卡上积分已有10万多分，前不久她就用信用卡积分换取了一堆礼品。

利用信用卡的同时不放弃投资。琪琪前年11月初在市南郊买了一套小居室，需要首付20万元，琪琪用信用卡付款后，利用免息期进行投资，真正做到了买房投资两不误。

当然，尽管使用信用卡能够省钱，也能赚钱，但是，使用信用卡消费一定要理性，作为普通消费者，还是要根据自己的实际需要来决定是否使用信用卡。而使用信用卡的根本目的，绝对不是为了赚钱，赚点小钱仅是使用信用卡附带的一点点意外好处罢了。

列出购物清单，避免额外支出

据国外媒体的调查，在英国，21~25岁的女性中80%的人都是处于一种花费比挣的钱要多的状态，46%的人都用信用卡透支，近50%的人为月光族。由于社会普遍认为过度消费是不良行为，因此谴责能花钱的女人，那么女人究竟该如何花钱，花多少钱呢？这里，主要强调一种健康的消费观，那就是，我们可以消费，但是不要浪费。要做到不浪费，就需要在购物时有所节制。

其实，对许多工薪阶层来说，都还处于一种量入为出的生活状态中。在这种状态之下，最重要的消费原则是：可以消费，但要避免浪费。明明不需要的东西，不要因为逞一时的心理愉悦而购买，这样的浪费行为会在很长时间内让你纠结。你想想看，买回家后，一直派不上用场，让自己每次见到它都会感到后悔，那多郁闷！

我们应该树立这样一种观念：节俭与否，与拥有金钱的多少无关，它是一个人的消费态度而已。并不只是经济拮据的人需要避免浪费，任何人都需要有这种意识。尤其是女人，因为女人通常是家庭里的最大管家，家里所有的东西都需要女人购买。这种情况下，女人有一个很好的省钱方式，那就是关注超市或商店的打折信息，在打折时，购回家里必需的日常用品。

当然，抢购也需要有一些注意点。

（1）在抢购之前，要先明白抢购的目标，盲目地抢购只会增加多花冤枉钱的几率。所以，在去超市之前先花时间仔细确认自己到底要买什么，并且列出一个详细的购物清单。在超市抢购打折商品时，严格按照清单购买，不要让自己看着什么便宜就买什么。否则，全买回家了，不需要用的东西就会成为累赘。

（2）绝不要让自己带着郁闷的情绪进入超市或者商店。否则，郁闷中的女人会通过疯狂购物来发泄也是很有可能的。工薪阶层尤其需要注意，打折时去抢购就是为了省钱，千万不能因为发泄而让自己得不偿失，买了过多不需要的东西，而浪费金钱。发泄有很多种方法，或者说有很多种花很少钱就能达到发泄效果的方法，刷爆信用卡，只会让我们在痛苦之余又多了焦虑的情绪。

（3）对于同一类商品，要多计算单价与划算度。列了购物清单，只是让你清楚了该买什么商品，但是具体买哪一种就需要在超市购物时做比较了。看同类商品中哪一种打的折扣低，同时还要比较原价的高低，综合考虑之后选择最划算的。要知道，最低折扣的，并不一定是最划算的，所以，你得计算好了。也不要怕丢脸，没人会笑话你，家庭主妇都会这样做的。

（4）对一些家庭公用的日常用品，尽量买大包装的。实惠！

（5）趁折扣抢购，能够省钱，当然让人兴奋。但是，也不要兴奋过了头。最好在去超市的时候带上一个计算器，带上能够利用的现金券，将能利用上的资源全部利用上，久而久之，你会省下不少钱。

（6）对于自己特别喜欢的东西，且又正处于打折状态下的商品，买之前仔细衡量一下，买回去之后，它的使用价值有多大。比如说，一双原价1 800元的长筒靴现在只卖500元，真诱人对不对？可是，在买下之前，请你一定先想想你的衣柜里到底有没有衣服来搭配，如果没有，连试都别试。别因为一时的贪便宜，也别因为一时的冲动，花掉自己一个月的日常开支，那不值得。

（7）需要提醒很多女人一句，网购固然方便、便宜，但是，也别忘了在购物前列一个清单。如果不列清单就在网店中徘徊，便宜的东西、名目繁多的新鲜商品，会让你不自觉地掏了腰包。而且，在网络上购物，尤其需要注意，货比三家，否则，你注定后悔。

（8）超市、商场等地方办会员卡时，如果是免费的，不要嫌麻烦，办上一张，随身携带。说不定在你购物的时候，优惠就随着这张卡片降到你身上了呢！

……

省钱的门道很多很多。在生活中做个有心人，工薪阶层照样可以买到自己想买的东西，照样可以买到优质的商品，照样可以把自己的生活质量提到很高的水平。就看你会不会通过各种方式省钱了！

记住，省钱并不丢人，浪费才是可耻的。有的人可能不屑于这些小的省钱门道，不屑于精打细算的生活，不屑于婆婆妈妈地列清单，但是，一个消费起来不懂节俭、挥霍无度、浪费成习惯的女人，会给人一种什么样的感觉呢？很多男人都给出了评价：“感觉这样的女人不懂得珍惜，如果对什么事情都养成浪费的习惯，那么对感情呢？是不是也会如此？”“这样的女人估计难以持家，不好养。”“这样的女人性格估计也比较粗犷，不细腻，也许很容易动怒吧……”

看看，浪费给一个女人带来多么不好的评价！还是永远牢记这条原则：女人，可以消费，但不要浪费。适度消费可以，随意浪费，则是你对自己的一种否定了。

用性价比来权衡日常的购买

在买东西时，我们可能都有过讨价还价的经历。为什么会讨价还价呢？其实就是我们在无意识中考虑我们所买的商品的功效、耐用性等，也就是商品的性价比。所以，通常来说，那种具有多种功能的产品会比单一功能的产品好卖，而那些耐用而且比较容易维修的产品会更受欢迎。比如，美国经济危机时期，有厂商推出一种新式口红，这种口红两头都可以用，可以涂两种不同的颜色，结果很受欢迎。

当然了，居家过日子，每天都面临着“消费”两个字，远不止简单的讨价还价这么简单。既然我们每天都得消费，那么，如何消费，买什么样的东西，就直接决定了我们的生活品质，也直接决定了我们是否能够省钱。

不过省钱并不意味着就是一定要买便宜的东西。我们可能都遭遇过类似的尴尬：想买便宜的东西省点钱吧，但是，偏偏买的便宜的东西不让人省心，三天两头就出问题，出了问题还得再买新的，这样一算，买便宜货也没省下多少钱，反而添了不少麻烦。

这的确是我们购物时的一个悖论，也就是我们通常所说的：好货不便宜，便宜非好货。但是，这省钱之道也就存在于商品的差异性中了。不是所有的东西都要买便宜的，但也不是所有的东西都要买贵的。这就是买东西的艺术了！哪些东西应该买便宜的？哪些东西应该买贵一点的？哪些东西应该买价格适中的？应该什么时候买？其实这些问题归结到一块，很简单，就是衡量一下性价比，再考虑是否购买。

1. 使用年限长的、重要的物品要买耐用的，这时候要更加重视商品的“品性”

比如说，像家用电器、家具、汽车、油漆、地板、瓷砖、水管、电线、洁具（特别是马桶）等，这类物品的使用寿命都远在1年以上，都属于可使用多次的商品。像这类物品，在首次购买时，就尤其需要多操点心，货比三家，买质量好的、有品质保障的、耐用的。“建议角筏、洁具、水龙头买名牌。瓷砖客厅买好点的，卫生间就不必非要买品牌的，质量好点的广东砖就行，但颜色和图案要好，要大气。厨房建议自己打框架，再去订门板、拉篮之类的，出来的效果和买的是一样的。卫生间的柜子也可以这样做，据说能省很多钱，把省下来的钱用在家具和软装上，会明显提高整体的品位和档次。”这是一位专门做装修的朋友的心得，女性朋友们可以参考一下。

对待这些物品，可千万不要因为一时地贪图小便宜，或者是因为一时的资金不足，而购买一些价格听起来很便宜的商品，那样，价低了，品质也低了，前期你是省心了，等到后来你会有一连串的麻烦。“在装修房子的时候，我们家为了节约点，买了外观和高档货一样的水龙头，但其实那是质量差的低档货。结果，今天早上水龙头下面螺丝口断裂，家里水漫金山，所有的地板都被泡得翘了起来……”这是一个朋友的亲身体验。就是因为贪图一点小便宜，没有考虑性价比，买了一个品质差的水龙头凑数，结果就导致了一连串麻烦事情的发生。接下来，得重新装地板、水龙头，被泡坏的家具也得重新换。

如果不想要遭受这些罪，还不如在最开始买的时候，就买质量好点的。也许会稍微贵一点，但是，以后能够省心啊！省心的同时，也省钱！

2. 一次性的消费品，可以更重视商品的“价格”，购买更便宜的即可

比如说像透明皂、垃圾袋等一些小的生活用品，日常不能缺少，但是昂贵与否又不会影响生活质量，这类商品就可以适当考虑买便宜的。

还有食品类，商场会有打折销售，推出买一送一等活动，可以选择这种便宜的时机购买。

一般来说，购买便宜一点的一次性消费品，并不会给生活带来多大的不方便，因为这部分商品要说质量，其实倒没有太大的差别，主要是品牌附加值的影响导致不同商品价格不一样，我们没必要为这类商品多付出一些品牌附加值，还是选择便宜的比较明智。这样，时间长了，可以省下一大笔钱呢。而用省下的这些钱，就可以在买重要的东西时多投资一点了。这样就能够形成一种家庭消费的良性循环。

3. 个性化的商品可以适度抛开性价比，依据个人喜好判断

比如说，像平日的休闲服、家里的窗帘、软装饰等，这一类物件更加突出的是个人的审美、个性特点，因此，在购买时不必参考价格，而是要将个性放在第一位。有很多很漂亮的衣服、装饰，虽然价格很便宜，但是的确很漂亮，不要因为害怕别人觉得你小气而不敢买，也不要为了赢得别人虚假的羡慕而专门购买一些贵的物件。这些东西毕竟是你自己在用，自己喜欢就行。

不过，我们还需要提及的一点是，性价比毕竟是一个感性的认识，在不同人的眼里，同一商品的性价比可能不同，所以，你在考虑性价比时应该结合的是自己的经验和与自己经济水平大致一样的朋友的经验，而不应该借鉴与自己经济水平相差过大的人的经验。这是不符合实际情况的。

掌握讨价还价的购物艺术

讨价还价是一门很高的艺术，心理素质要绝对稳定，须在瞬间内掌握对手的心态，及时组织好自己的语言，并在拉锯战中要做到进可攻，退可守，还要随时调整心态，随机应变，必要时能面不改色心不跳地转变立场。

讨价还价看起来是简单的事情，其实还真不简单。我们先看看讨价还价涉及的几个概念。

成交价格，这个当然大家都知道了，买方和卖方最后的生意要谈成，肯定有一个成交价格，比如说一件大衣买的想200元买，卖的愿意200元卖，那200元自然就是成交价格了。

成本，当然，大家都知道成本是什么了，不过这里这个成本的计算方法不一样，注意了，假设一件大衣老板花100元买进，路上运费5元，老板差不多要一个月才能卖出去，那么这一个月100元的银行最低利息可能就是1元（财务成本），老板自己一个月投入的精力也在10元左右（机会成本），其他的水电费、门面费等也要摊个10元，税等其他费用大概3元，这100元拿出去做其他生意最少也会赚回5元（财务成本），可能还有杂七杂八的费用5元吧，这样这一件大衣的成本就是100+5+1+10+10+3+5+5=139（元）。看准了，成本是139元，而不是100元。

最低售价（老板心里的底线，你永远不会知道）：就是139元。在这个售价上其实老板赚的就是1（财务成本）+10（机会成本）+5（财务成本）=16（元）。如果赚不到这个钱，那老板还不如关门回家，把钱存银行或者借给他人做生意呢！

下面几个概念很重要，将决定你个人讨价还价是否成功以及精神上是否愉悦，其实就是觉不觉得自己赚大了，还是觉得自己是傻瓜，伸长脖子让人宰！

买方估价，因为我们是在讨论讨价还价，是站在买方的角度来谈的，所以一些概念更多的是从买方的角度考虑的，比如你通过各种经验，各种了解，对这件大衣的估价是280元，那么280元就是你愿意买进且会感到愉悦的价格。

卖方剩余，卖方剩余=成交价格-成本，此值越大，卖方越高兴，你被宰的可能性也越大；此值接近于0，就证明你是讨价还价的高手，如果你每次都能让这个数值为负数，那么你适合当老板，恭喜恭喜！

买方剩余，买方剩余=买方估价-成交价格，同样此值越大，买方越高兴，你觉得自己赚大的可能性也越大，但是你被宰的可能性也越大，不过没有关系，反正就图个高兴呗！此值接近于0，就证明你不适合买东西，还是找人代劳吧！如果每次都让这个数值为负数，那你买东西简直就是受罪，买了东西也没有达到精神愉悦，赔了夫人又折兵。

不管你估价多少，只要你最终能够谈下来的成交价格都大于估价，那么最好放弃（如果你在讨价还价的过程中随着对产品的了解，而不断提升估价，那是另外一回事）。

下面教大家讨价还价的八个步骤。

1. 声东击西

当你看好某件商品时，不要急着问价，先随便问一下其他商品的价格，表现出很随意的样子，然后突然问你想要的东西的价格。店主通常来不及防范，报出较低的价格。切忌表露出对那款商品的热情，善于察言观色的店主会漫天起价，永远不要暴露你的真实需要。有些消费者在挑选某种商品时，往往当着卖主的面，情不自禁地对这种商品赞不绝口，这时，卖主就会“乘虚而入”，趁机把你心爱之物的价格提高好几倍，不论你如何“舌战”，最后还是“愿者上钩”，待回家后才后悔不迭。因此，记住购物时，要装出一副只是闲逛，买不买无所谓的样子，经过“货比三家”的讨价还价，才能买到价廉且称心如意的商品。

2. 漫不经心

当店主报价后，要扮出漫不经心的样子：“这么贵？”之后转身出门。注意，“走”是砍价的“必杀技”。店主自然不会放过快到口的肥肉，立刻会降一点价，此时千万别回头，照走即可。

3. 攻其不备

在外头溜达一圈后，再回到店中。拿起货品，装傻地问：“刚才你说多少钱？是吧？”你说的这个价比刚才店主挽留你的价格自然要少一些，要是还可接受，店主一定会说“是”。好，又减价一次。

4. 虚张声势

指出隔壁同样商品才出价多少，前面那家更便宜。这一招“杜撰”虽已被用滥，但仍是砍价必要的一环。不要给时间让店主破解，立刻进入第五式。

5. 评头论足

颇考验功力的一式。试着用最快的速度把你所想到的该货品的缺点列举出来。任何商品都不可能十全十美，卖主向你推销时，总是尽挑好听的说，而你应该针锋相对地指出商品的不足之处，最后才会以一个双方都满意的价格成交。一般可评其样式、颜色、质地、手工……总之要让人觉得货品一无是处，从而达到减价的目的。

6. 夺门而出

这个时候店主就会让你还价。不要着急，先让店主给出最低价。然后就要考你的胆量了，给出你心目中的最低价，建议只给店主最低价的一半。如果不怕恶言相向，给最低价的一成更好。店主必然不肯，这时你要做的是转身再走。店主会做出连续性的减价，不要理会，随他减吧。

7. 浪子回头

等到店主给到他所接受的最低价后，你就可以回头重新进来，跟他说明退一步海阔天空的道理，然后在自己的最低价上加上一点，再跟他砍价。

8. 故伎重演

如果店主还不肯，再用“走”这一招。另外在挑选商品时，可以反复地让卖主为你挑选、比试，最后你再提出你能接受的价格。而这个出价与卖主开价的差距相差甚大时，往往使其感到尴尬。不卖给你吧，又为你忙了一通，有点儿不合算。在这种情况下，卖主往往会向你妥协。这时，若卖主的开价还不能使你满意，你可发出最后通牒：“我给出的价已经不低了，我已问过前面几家都是这个价！”说完，立即转身往外走。这种讨价还价的方法效果很显著，最后卖主往往是冲着你大呼：“算了，卖给你啦！”店主这最后一次减价通常都可接受了，回去买了它吧。

第五章
CHAPTER 5

女人会花也会赚，经济独立有“钱途”

女人拿什么来立足于这个日新月异的时代？美貌？家世？还是交际手腕？这些都是女人实力的一种表现，但可惜的是，它们的保鲜期太短。能赚钱是女人最宝贵的资本之一。

职场女性取得高薪的方法

女人也要养家，幸福的女人不会是对薪金整日愁眉苦脸的人。许多女人一提到薪水问题就不好意思开口，这是一种非常错误的做法，自己的合理要求要勇敢地提出来。在薪水谈判时，职场女性该怎样提出薪水的要求呢?

1. 问清税前税后

劳资双方在商谈薪酬待遇时，求职者往往忽略税收问题。你的薪水越高，所要承担的税金也就越高。因此，最好事先问清楚，约定的薪酬数额是税前款还是税后款，并在劳动合同中加以注明，以免误了你的“收成”。

2. 分清基本工资与奖金

通常，公司会把你的工资总额分成几块：基本工资、效益工资、奖金、津贴、补贴等。在保证工资总额不变的前提下，你要力争基本工资。因为，在一般情况下，公司会把你的基本工资定得很低，这样你的各类保险费用也会相应地降低，而如果当你进入“孕产期”准备生宝宝时，公司就有理由只发给你基本工资，那样，收入就会大大减少了。

3. 高薪不能代替保险

如果公司给你高薪，却不给任何保险，那你可别忘了给自己买一份商业保险。但你要知道，我国《劳动法》第七十二条中规定：用人单位和劳动者必须依法参加社会保险，缴纳社会保险费。即使你和公司有了协定，公司也不能免除此种责任。如果公司想要炒掉你，一定要让公司为你缴齐这段时间的社会保险费。如果公司不交，那就拿起法律武器保护自己的权益。

在今天这个职场竞争异常激烈的社会，很多女人感叹工作难找，取得高薪就更难了。其实只要你掌握了职场赢得高薪的技巧，取得高薪也不难。

1. 选择业绩佳、前景好的公司

高薪来自公司的高绩效，所以你要先留意公司的体制，如组织决策流程、员工素质、核心技术等。但是，也不应只关心公司现在的业绩，更应关心影响整个公司乃至整个行业发展的因素。

2. 观察公司的领导人是否具备前瞻性眼光

好的领导就像动力十足的引擎，为公司输入新的想法，创造和谐的工作环境。如果公司领导具有开拓进取的精神，必定能为员工提供一个广阔的发展空间，薪金增长也自然水到渠成。

3. 让自己成为难以替代的人

物以稀为贵，职业也是一样。如果你做的工作人人都能做，你受重视的程度和薪金自然高不到哪儿去；如果你做的工作别人不能做或能做的人很少，拿高薪是顺理成章的。所以，职场女性应该时时注意公司的整体环境正在发生哪些转变，并且思考在这样的转变中，公司急需具备什么技术或才能的员工，以便及早准备，提升自我价值。

4. 丰富自己的阅历

阅历丰富的通才，可以有效地整合企业内高度分工的各项资源，形成综合效应。因此，职场女性要把握住各种机会丰富自己的阅历，如参加项目规划、参加在职培训等，在学习的过程中尽心尽力，在潜移默化中提升自己的价值。

5. 具备团队协作精神

这几乎成为招聘方对求职者共同的、最基本的要求。可见合作协调在一个组织中的重要性，一个有序的组织应该强调专业分工，但绝不能各自为政。在这种环境下，能够组合、协调本部门或部门之间的工作，发挥团队力量的佼佼者，取得高薪自然不在话下。

6. 目光长远

这一招不是什么实际的办法，而是提醒你追求高薪是你的目标，但目光远大的人不能将视线只停留在追逐高薪上。因为只有不断增加你的个人价值，才是你取得高薪的源源不断的动力。如果一味追求高薪，而忽略了薪金仅是个人价值的反映，难免会舍本逐末。

年龄在增长，实力要增强

王女士大学毕业后，就进入了一所高中教学。在这个岗位上，她一干就是二十几年，获得了很多的荣誉称号。可以说，作为一名教师该有的荣誉，她早已拥有了。

可是，年近50岁的她，最近又拜正在上大学的儿子为师，学起电脑来了。王女士的老同事肖老师劝她：“老王，都几十岁的人了，眼睛也不顶用了，手打字也不像年轻人那样灵活，干什么还给自己找罪受去学电脑呢？”

王老师却反过来劝肖老师：“老肖，你也应该学学，这东西很管用呢。前几天，我儿子教我做了一个flash课件，比起我们以前的板书方便多了。”肖老师笑着说：“得了，我才不想受这份罪呢。”不久，学校响应信息化教学改革，举办了一场别开生面的“flash课件大比拼”，出乎所有老师的意料，夺得冠军的居然是年过半百的王老师。在以后的日子里，许多在电子时代成长起来的年轻老师，遇到制作电子课件的问题，都要过来虚心地请教王老师。

王老师经常跟她那些老同事说：“学电脑什么时候都不晚，即使不用它来做电子课件，也可以跟年轻人在网上聊聊天嘛！”很多学生都非常喜欢王老师。

因为无论是思想心态，还是外表打扮，王老师处处都洋溢着亮丽的色彩，大家都愿意跟她聊天。

很多女人在年幼的时候，人们就不停地告诉她们——“花无百日红”，女人的美是短暂的，所以一定要在最美的时刻找个好男人把自己嫁掉。其实她们不明白，女人，最重要的财富并非她的年龄，而是她的实力。只要她的实力随着她的年龄一同增长，她的魅力非但不会贬值，反而会不断增值。

一个女人要成为快乐的女人、幸福的女人，就必须懂得使自己成为一个可持续发展的女人，成为一个有实力的女人。女人因实力而美丽，因实力而快乐。女人可以活到很老，但依然很有魅力；女人可以接受皱纹，但必须每一根皱纹都与魅力有关。

女人可以通过以下途径增强自己的实力：

1. 多学习知识

时代的发展给女人以更多的机会，要抓住一切机会去学习，让自己变得充实，赢取属于自己的那份成功。

2. 找出自己的一技之长

女人在工作之余，可以找出自己的一技之长并培养第二专长。譬如有的女人喜欢芳疗，便可以进修一下这方面的课程，不仅可以为自己做芳疗按摩，甚至还可以做一位专业的芳疗讲师；还有的女人喜欢第二语言，如日语、意大利语等，可以尝试做做这方面的翻译工作或需要用这些语言打交道的采购等工作。总之，找出自己的一技之长以及培养第二专长，不但能够让自己的兴趣得到发挥，还可以增强自己的工作实力。

将你的兴趣转化为赚钱能力

会用兴趣赚钱的女人是最幸福的女人，也是最懂得享受生活的女人。做自己爱做的事情本来就是一件快乐的事，同时还能通过自己爱做的事来赚钱，就更幸福了！

“在家做网页，既可以做自己喜欢的事，又可以挣钱，还不用担心与本职工作相冲突，何乐而不为？”这就是网上兼职主持人的普遍感受。我们知道，目前国内的网站大致可分为综合性及专业性站点两大类。新浪、搜狐、网易等综合性网站人气十足，其他专业网站要占领市场，则要着眼于开辟独特的市场定位。网络是青年人的世界，在15岁至35岁的青年人中，网络均已成为他们生活的一部分。基于这一观点，许多网站开辟了新型职业方式，网上兼职主持人就是其中一种。

据了解，这些兼职主持人多数是个人网站的站主，他们可以将自己喜爱并制作好的网页直接上传到公司网站上，也可以将个人网页做适当改动后再转过来。只要主持人认为自己有余力就行，并不会影响本人的生活及本职工作。

从事网站主持人的职业不仅可以满足个人的成就感，而且还会有相应的回报。网站一般会按编辑在栏目上编稿的数量给予一定的报酬。例如每月上传200篇文章可获500元的收入。业务拓展得好的主持人还可以开辟新的栏目，再细分形成自己的团队。做这份职业一方面仍可以保持自己的兴趣爱好，另一方面还可以从网站获得相应的报酬，真是一举两得。

齐萌就在一家女性网站的某个论坛担任版主，同时还兼任记者工作。所采访的问题都与女性朋友的家庭婚姻生活相关。用她的话说：“我的感情比较细腻，比较爱倾听各种情感类故事，而且也挺爱和心理专家交流，这份网络兼职工作，让我能够采访到很多有故事的女人，和她们共同交流，同时还能咨询心理专家，我觉得这很好。在我兼职的过程中，我对自己的感情和婚姻生活也有了很好的认识。而且每个月还有一笔不小的收入，一举两得，何乐而不为呢？”

同样，热爱瑜伽的朱珠，也在享受着自己的兴趣给自己带来的快乐与财富生活。

2008年，朱珠在天津体育学院读大三时，利用空闲时间在一家健身俱乐部里兼职做形体教练。在这家俱乐部，朱珠第一次接触到了瑜伽，觉得十分喜欢！

“那个时候我没有条件上培训班。刚好有一个机会，就是我在上课，上完课之后是瑜伽课程。每次上完课之后，我都不着急走，在别人上课的时候在外面看，在外面记，在外面学，然后回去之后再认真总结、研究，慢慢就学会了，而且心得都是我自己的。”

2009年朱珠大学毕业了，被分配到济南一所高校当形体老师，开始利用业余时间去教瑜伽。最后，她干脆直接将自己的兴趣化为商机，在济南开起了瑜伽教练培训班，两年后，还正式注册了自己的瑜伽品牌。

朱珠将兴趣做成了自己一辈子的事业，这样凭借兴趣赚钱的女人实在不多，但是，能够这样做的女人肯定是十分幸福的。

著名的广告人庄某也是一个因为兴趣而成功的女人，她和朱珠一样的幸运。

年轻时候的庄某一直有着自己的理想：“我一直向往两个工作，一个是当记者，一个是做广告。我把当记者放在广告之前。”庄某毕业于台湾大学。大学毕业后，她先是做贸易，因为实在没有兴趣，1年内换了四个工作。然后东碰西撞地到报社当记者，因为不是科班出身很难发展，她不得不熄灭了记者之梦。

此时，她只好将方向定位在大众传播。庄某从小就立志要干事业而非找工作，因为广告业与传媒有一些相似之处，她转而追求广告进了台广——当国外部的英文助理。

这是一个对于庄某来说极其轻松的职位，以至于当时的主管担心她不会做得很长久。但庄某是个有目标的女子，这个目标就是希望早一点当上“AE”。

庄某曾经回忆说：“在台广作AE时，我非常善于动脑子。刚进台广的时候常常自告奋勇地去听他们创意部门的会议，或主动帮其他AE给客户送稿子，凡事都抢着去做。善于听，善于学，有一股子拼命的劲头。”

做了AE的庄某终于知道：做自己真正有兴趣的事比高薪更重要，正是因为自己感兴趣，才让自己慢慢走上了成功之路。

真正成功的人，懂得坚持自己的爱好、坚持自己的兴趣，并最终达到利用兴趣来养活自己、享受生活的美好状态。这时候的女人，既收获了兴趣爱好，又收获了金钱，就是事业最成功的女人了。我们希望你将来也能成为这些成功女人中的一员。

家庭主妇也有职场竞争力

很多人说，主妇在家待的时间长了，进入职场就没什么竞争力了，其实这是一种大错特错的想法。这得根据不同人的具体情况来做具体区分。如果一个主妇在家时间太长，再回职场时没有什么技术，没有什么内涵，那的确她的竞争力会大大下降；但是，如果一个主妇在家的时候，还是在不断充实自己的专业知识、不断地完善自己的职业能力，那么，做过主妇的女人回到职场后，其竞争力反倒会大大增加。

日本企业医师长谷川和广就曾说过，在公司所做的事情，基本上和家庭主妇所做的事情没两样。所以，家庭主妇在家里的时候，总会在有意无意间学习到职场中一些必备的素质和能力，而这些，都将成为主妇的职场竞争力。

1. 主妇有较好的时间管理与规划能力

英国一项调查发现，家庭主妇每天要处理的家务超繁杂，平均每天要忙9个小时，全年无休，辛苦程度绝不输给上班族，更别说是家庭与事业两头顾的职业妇女了。

其实，在国内的主妇也如此。身为两个孩子的妈妈，宋薇既要料理家务，又跟丈夫合开美语补习班并担任班主任。即使忙碌无比，她每周五早上照样有空学肚皮舞、周四早上当志工，子女在读大学前，每天她都会亲自接送上下学。

如何忙中有序？宋薇透露秘诀：她会事先订好下一周的时间表，把子女放在第一顺位，先将与子女有关的活动时间空下来，再排入个人计划，在每件事情与事情之间，一定预留缓冲时间，以防偶发事件发生。时间长了，她就慢慢培养出了一套固定的办事模式。比如说，每周上菜市场两次，每次只花半小时采购完毕，去之前一定想好当周要煮几餐、需要多少分量，每次走固定的购买路线、只找熟悉的摊商等。

这种高效率的时间管理与规划能力，在职场中是十分有优势的。所以，很多主妇重返职场时，都会无意间发现自己做事的效率高了很多。

2. 主妇的观察能力很强

在职场中，有较强的观察能力很重要，可以让我们避免陷进公司的党派之争中，免得让自己受伤。而主妇在家里管理孩子和丈夫时，慢慢地就培养出了细腻的观察能力。这种能力运用到职场中，就大有用处了。

3. 主妇的成本控制力和眼力好

做主妇的女人多多少少都有过讨价还价的经历，她们会根据家庭的收入情况来合理地控制家庭的支出，做着全家的财务总监。而且，家庭开支的项目繁杂，打理起来其实很难把握。经过长时间的锻炼，精干的主妇就会锻炼出属于自己的成本控制方法，同时，由于经常需要挑选一些物美价廉的商品，主妇们也就练就了火眼金睛的能力。这样的主妇回到职场，如果能够做到财务或采购的职位，肯定能够做得很出色。

4. 主妇处理人际关系时更加圆润、有耐性

通过在家里处理七大姑八大姨的关系，通过与其他主妇交流各种心得，主妇往往比常人更能懂得人情世故，懂得处理人际关系的技巧。而且，在与公婆、子女、丈夫相处过程中都需要耐性，无形中练就出柔韧性与包容力。在人脉至上的职场中，若拥有主妇的柔韧性与包容力，处事必能更圆融、不树敌，轻松建立好人缘。

这些竞争力都是做主妇的女人们所共同拥有的，但关键问题是，有些女人不懂得即时总结、反思，所以根本就没有意识到自己所拥有的竞争力，而将自己的竞争力白白浪费掉了。有这样一个女人，50多岁了，做了多年主妇之后，重返职场，竟成为公司年销售收入第一的销售名人。

于姐今年52岁，原来是典型的家庭主妇，自2007年与老伴一起到在天津创业的儿子儿媳妇那里过春节以后，从此，生活就一点一点地改变，不到两年，成为年销售额过百万的销售精英……

本来，是儿媳妇外出与客户洽谈，闲不下来的于姐便也跟去遛遛弯，结果，看了儿媳妇的谈判之后，于姐马上对这份工作有了兴趣，说服儿媳妇后，于姐很快就进入了儿媳妇所在的公司，并成了公司一名年龄最大的兼职销售人员。

刚进公司，于姐就开始忙了起来。对她来说，要学习的东西很多，包括电脑知识、产品知识以及如何与人沟通等。于姐很上进，心态一直很年轻，凡是公司的新人培训，她都积极参与并认真学习，凡是不懂的问题，都努力向周围的同事咨询，方便的时候就跟着儿媳妇一起拜访客户，还尝试性地开拓自己的客户。经过两个月的努力，于姐终于一个人出门拜访客户了。她做了充分的准备，带足了所有可能需要的材料，提前预计了与客户沟通的过程，非常准时地到达与客户约好的地方。最终，于姐用自己的专业谈成了自己的第一位客户。

第一次的成功拜访给了于姐很大的鼓舞，她带着愉快的心情，继续着自己的销售工作，查资料、打电话、拜访客户……

结果在2013年的努力工作当中，于姐竟然成为年度销售冠军，年收入过百万，这样一个结果并不是能计划出来的。52岁的于姐，从家庭主妇走向了职场，并成为一名销售精英。

可以说，于姐的成功并非偶然。如果让她在30年前来做这份工作，肯定无法取得如此大的成绩。

但是，做了几十年家庭主妇的于姐，锻炼出了足够的学习能力、人际交往能力和足够的韧性。因此，等到52岁来做这份工作时，除了需要学会一些最基本的业务能力之外，她做主妇所积累出的竞争力就足以让她脱颖而出了。

如果亲爱的你目前还是一个家庭主妇，而未来又还有重返职场的打算的话，就一定要在平时就注意培养自己的这些竞争力了。同时，也不要忘了加强自己的职业知识的学习，这样，一旦你重返职场，你就能很快上手，并且表现不凡。

每月拿到钱，先付给自己

很多女人当了妈妈以后，不论见到哪位熟人，见面的第一句话便是：你的孩子还好吧？而对方的回答也差不多大同小异：“很好啊！你的小孩上幼儿园了吧？时间过得可真快啊！”即使是婚前的好友闺蜜们，只要一通电话，也总是孩子长孩子短的寒暄问候，大家似乎都忘记了曾经的风花雪月，曾经的天南海北，只觉得好不容易逮着了一个关于孩子的话题才不至于让彼此感到尴尬似的。

婚后生完孩子是继续乐此不疲地做个“黄脸婆”呢，还是忙里偷闲地还原成昔日的“美少妇”呢？这其实是一种不可小觑的生活态度的区分。态度的迥然不同，真的可以决定你是享受人生还是艰难度日。

生活总是一天一天地很忙碌，女人有的时候常常问自己，生活难道就是这样吗？就是这样周而复始，年复一年，直到我们白发斑斑！有时候，在无尽地工作劳累中，我们自己都会麻木、迷茫，不知道自己这样做是为了什么。

女人需要首先学会爱自己。但在实际生活中，她们往往更多的是去爱亲人、丈夫、孩子，还有事业。她们这样做着，付出了青春，付出了美貌，付出了辛勤，但却忽略了自己。其实爱人和爱己本就不该冲突，只是我们常常忘记了，想法错了，用错了方法。于是，很多女人在对别人无尽的付出中慢慢老去，孤独年老时，空剩“后悔”两字。

相反，懂得享受的女人，则在一生中，既宠爱了自己，也关照了他人，过得幸福美满，快乐自如。

王芳一边做生意，一边享受生活。她赚得的钱，一方面填补家用，另一方面，王芳从不亏待自己，该买的衣服，买！该吃的补品，吃！爱看的书，读！

我们应该做王芳这样的女人，懂得劳作，也懂得享受，劳作享受两不误。可是，我们却很少能见到王芳这样的女人，相反我们会常常见到一些女人，在买了自己心爱的物品之后会心疼。但如果是为老公添了新装，即便花再多的钱也会觉得心安理得，因为她对男人的爱是无额度无指标的。舍得无所顾忌地给自己花钱的女人少之又少。

但是，不可否认，对自己大方的女人一定比对自己抠门儿的女人过得舒服。女人，都渴望有个宠爱自己的男人，等他来安慰自己柔弱的心，但是，女人更应该想到，自己要靠自己来宠！

如果你还是在抱怨自己总是太累而没有享受，不舍得花太多钱在自己身上，那么，不妨参考以下九条建议，至少，从小的方面，开始对自己好一点吧！

（1）每天打扮得优雅得体，干净利落，出门前照照镜子，对自己笑笑。

（2）保护好双手，手是女人的第二张脸，准备出门前抹上护手霜，随身携带护手霜，以备在外使用。

（3）参加一到两个运动俱乐部，既能放松心情，又能锻炼身体，因为运动可以延缓衰老。

（4）交几个闺蜜知己，寂寞时叫她们陪陪，要么逛逛商场，要么一块儿吃饭，要么在家小聚，几杯美酒，知心话儿一吐为快。可以骂骂老公忽视自己，也可以谈谈孩子如何教育。

（5）在闲暇时哼着小曲整理一下衣柜，发现缺什么衣服，就拿着工资算计着给自己买一件，犒劳一下自己。

（6）买适合自己的衣服，穿出自己的气质，让同事们啧啧称赞的不一定是高档的服装。

（7）偶尔买一套和平日不同风格的服装，换换自己的心情，也给别人一个惊奇。

（8）经常变换发型，当然要与服装搭配。

（9）买些搭配不同发型的头饰，小的东西也可以让你觉得饶有情趣。

这些享受不需要花费太多，但是，绝对可以改变你的生活质量。我们要看到美丽的、享受生活的你，而不要看到为了生活、工作和家庭而节衣缩食、蓬头垢面、加速衰老的你。

小本生意最适合家庭主妇

小陈是位全职主妇，但是，闲得慌的她总想自己挣点钱花。后来，她所在的城市正赶上音乐节，几万人涌向举办点，她想，这正是绝好的赚钱时机。那么多人需要喝水、吃饭，若每个人平均消费10元，就有好几万元的生意可做。于是，她就雇了几个年轻的姑娘，进了一些盒饭、饮料，让姑娘们摆摊卖盒饭，结果供不应求，大赚一笔。

像小陈这样的小本生意，同样身为主妇的你做过吗？你是不是每天都闲得慌，可是还是不知道应该做些什么呢？心动不如行动，其实小本生意是最适合家庭主妇来做的。

下面给大家提示几个应该注意的方面。

1. 找市场盲点

大市场之间一定存在着大企业无暇顾及的缝隙市场，它非常适合小本经营。如经营与大商店商品相配套、相补充的商品；开辟擦洗、接送服务等新的行业。

2. 选好地址

要做好小本生意，选择地点至关重要。例如，开家面馆或小商店，首先要了解，在这周围是否有企业、团体或汽车站，人员流动量有多大。对此，不仅要心中有数，而且还要有自己的特色，货真价实。小本生意主要做的是“回头客”，街坊、老乡、左邻右舍的口碑，就是“金字招牌”“活广告”。

3. 提供额外服务

经营灶具生意的杨老板，想出了“买灶具免费送婚礼录像”这一揽客的绝招，一时间吸引了很多新婚夫妇上门购买，生意比同行好得多。主妇们可以多根据自己的生活经验，贴心地提供一些额外服务，增加顾客。

4. 经营灵活多变

经营环境常常是瞬息万变的，市场行情此一时彼一时，谁的反应速度快，适应市场的变化，谁就能赢得时间，争得经营主动权。小本经营有一个明显的优点就是“船小掉头快”，主妇们在做生意时一定要时刻保持清醒的头脑，对市场变化做出灵敏快捷的反应，抢先抓住稍纵即逝的商机，就一定能够实现小本大利。

5. 服务态度要好

主妇们由于常年在家不断磨炼，脾气大都不错，因此，做小本生意时，就可以保持好的、耐心的服务态度，为自己争取到好的口碑！

6. 少进多添防止积压

做好小本生意要有计划性，进货的多少要根据销量来决定，本着少进多添的原则，灵活经营，保持资本的滚动性发展。一旦造成积压，经营必然受阻，最终难免导致亏本。

7. 别把利润看得太重

本来就是小打小闹，利润微薄，但容易在价格上形成优势，因此可以靠销量上的优势来弥补价格上的损失。主妇在做生意时，切忌把利润看得太重，否则，迷了心眼，就做不好生意了。

上述这几个方面如果都能够做好，就不愁赚不到钱了。

素素在家做主妇久了，就寻思是否能自己做做生意，一方面赚赚钱，另一方面也充实一下自己。于是，她便开始寻找商机。

当她看到自己和好朋友都很喜欢山里的土特产时，就想到将老家边远山区那些纯天然的山货运到城里来销售。她亲自前往家乡山区组织货源，并在自己所在城市的白领集中消费区租了一个20多平方米的门面，专门销售农家山货。没多久，素素又将小店一分为二，一边为批发部，一边为零售部。为充分利用店里的空间，她又在靠门道的位置卖起了山里的苦凉茶。将半成品都堆放在店里，拿来烧成茶水卖，利润就提高了十多倍。这些苦凉茶品种有金银花、野菊花、凉茶叶……几乎全是山上野生野长的。

开始时，素素还担心这种难登大雅之堂的苦凉茶在城里卖不动，不想一经推出就大受欢迎。顾客反映，这种山里的苦凉茶虽然味道苦些，喝起来不如现代流水线生产出来的茶口感好，但原料地道正宗，在炎炎夏日里饮用真正能起到清热解毒的作用。而且每杯1元的价格，顾客都说“实惠”。

接着，素素招了两名帮工，一边卖山货，一边卖熬好的苦凉茶。结果，在短短1年时间里，素素居然靠卖山货与卖苦凉茶的小本生意赚到了10万元。

这些成功的案例对我们来说，都是一种鼓励。如果我们也能机缘巧合地找到市场盲点，也能根据经营诀窍摸索着一步步前进，小本生意也可让家庭主妇们发财哦！

网上开店，不再为门面贵发愁

在网购越来越普及的今天，在家工作的主妇们选择网上开店是最合适不过的了。相比于实体店，网店有一种显见的优势，那就是省下了昂贵的门面费。

小玲子是个乐观开朗的重庆女孩，她是某网店的女掌柜。她有个爱好——吃，尤其喜欢重庆小吃，只要见到它们，嘴巴就没闲的时候，能走一路吃一路。但和其他人不同的是，小玲子不仅自己好吃，还通过网络在全国乃至世界各地发展了上千名的重庆小吃FANS。

网上开店省去了租店、注册等麻烦事，但由于是虚拟的形式，所以就要把更多的精力放在如何吸引买家上。为了提高买家的忠诚度，小玲子创立了会员制度，凡在店里购买过产品，但没有达到每次100元的就是普通会员；购买过多次但每次都没有达到100元的是资深会员；一次性购买100元以上的就成为VIP会员。

小玲子会定期给会员们发新品目录，还有免费礼品赠送。而对于VIP会员，她有个“撒手锏”：就是由她老妈亲手制作的，只有VIP会员才有机会购买的麻辣香肠和辣椒面。为了这些美食，许多买家都是直接蹦到VIP的。

随着“馋猫团队”的壮大，小玲子的生意也越做越“火”。单日的平均销售额已达到200多元，拥有固定会员近2 000名，小玲子也一跃成为“钻石级”大卖家……每个月赚个几千元轻而易举了。

很多主妇闲在家无所事事，网上逛店总是消费，钱都让别人赚了，为何不自己也开个店来赚赚别人的钱呢？别说专职来开网店了，很多上班族都会利用闲暇时间来开网店，从中赚点银子花。

26岁的林小姐，在一家外贸公司上班。由于房子装修，接触了田园风格家居饰品，并对它“一见钟情”，萌发了经营网店的想法。随后，林小姐与姐姐合伙，两个各自有工作的女生，联手开了一家小店，专营田园风格的家居小饰品。

网店开张之后，由于信用度较低，林小姐最初的客户大部分为公司的同事和朋友。随着信用度的增加以及优质的服务，林小姐的生意慢慢好了起来。“在网上，我不仅销售自己心爱的宝贝，而且还在努力打造、推广我所崇尚的生活方式。”通过经营网店，林小姐还认识了一批志同道合的淘友。“看着自己喜欢的东西被顾客选走，我非常开心。”

像林小姐这样兼职开网店的人很多，这些优雅的女人都利用自己的爱好、专长，身兼多职，既能逛店，又能增加收入，还能交到朋友，自然做得很开心了。

可能，看到这里，很多正闲得慌的主妇们都心动了，也想开间网店试试。开网店诚然是不需要门面费，但是，开网店需要好的心态！

1. 开网店要常怀感激之心

大多数网店刚开始时，都是亲朋好友来支持，作为店主，应该感激有这样的朋友。一个朋友开了网店后，许久没生意，后来，一位真正意义上的买家收到衣服后，说衣服太大了，就说留到明年穿算了，并且给了好评。作为新卖家，遇到这么大度的买家，实在幸运。就应该多怀着感激之心，多回馈顾客，这样，生意自然而然就好起来了！

2. 开网店更需要诚实的心

做生意最讲究诚信，有诚才有信。尤其是网上购物，顾客无法触摸到实物，就需要你诚实了。你诚实了，你就会争取到一个回头客。为人实在、诚恳，才能真正实现互惠互利。

3. 开网店要多学习经验

没事多到那些成功卖家店里转悠，看看他们是怎么分类的，怎么陈列宝贝的，怎么促销的。还有社区论坛，就是一本很实用的教科书，只是需要我们认真地学习。虽然有时候只能依葫芦画瓢地学些皮毛，但经过自己一步步摸索、实践，也会有很大的收获。

想要做生意，但是害怕亏了门面费的主妇们；还有想做生意，但却害怕积压商品的主妇们；想做生意，但又不想走出家门的主妇们，开网店确实是一种最好的选择了！如果有想法，就积极行动吧！

女人一定要有一技之长

作为一个女人，亲爱的你想过吗，当你一无所有，又没有一技之长的时候，如何在这个世上生存？

有人说：“女人要有一技之长，这样当男人不要你时，你还有所支撑。”也有人说，一个女人，你可以不漂亮，但是一定要心地善良；你可以没有太多的学问，但要知道孝顺老人，照顾孩子；你也可以没有太多工资，但是要知道理财。尽管成为一个完美的女人真的不是一件容易的事情，但如果你能够尽量让自己做得完美，那就是一种最完美的状态了。而努力学习，让自己拥有一技之长，哪怕这一技再微不足道，也能够对你的生活起到帮助作用，万一哪天你的生活窘困了，这偶然间学得的一技之长也许就能够助你一臂之力。

有的女人，会织一手漂亮的毛衣；有的女人，会拍很多漂亮的照片；有的女人，会用细腻的笔触来记录自己的每一个成长过程；有的女人很会装扮，化妆不错；有的女人，懂得时尚，懂得潮流；有的女人，有一手很好的厨艺，做出的饭菜总是让人赞不绝口；有的女人，是电脑高手，会制作网页、会管理网站；还有的女人，懂得做生意，能够开网店，有滋有味地赚钱过日子……这些女人都是美丽的，至少她们都能够有一样让自己自豪的手艺，有一样可以点缀平淡日子的花朵。更重要的是，这些小小的手艺，可以让这些女人拥有自信，她们对待未来是坦然的，她们知道自己的未来不是梦。

可是，考虑一下我们自己，我们会什么呢？

“大学读的专业在社会上几乎没有对口的工作，本来是家里想托关系进一个单位的，后来黄了，没有进去。读书时也是浑浑噩噩地玩。现在年纪越来越大，真的好害怕将来被社会淘汰，我这几年也没有什么稳定的工作，都是做一些很没有技术含量的工作，如文员、销售之类的工作，吃青春饭而已。有和我情况一样的姐妹吗？或者请大家出出主意，我该学点什么技能好呢？实用的技能？”

“想想，快奔三了！过年回家看着父母发愁的脸，都不好意思再像以前那么轻松地说：还在找呢。如今年纪一大把，工作又是这样半死不活地吊着，没有一技之长足以养活自己，在公司里低眉顺目地干着打杂的活，看着公司出入的年轻美眉都汗颜。昨日又被老大无故训斥，真想很豪气地摔门走人，可想想这一日三餐，还是忍住眼泪，偷偷地躲进厕所里哭。唉，奔三的年龄，竟然变成一种尴尬，从没想到过会如此窝囊地活着。跳槽没了底气。也许这世上最悲哀的也莫过于我们这些离家千里的单身女人，一朝没了工作，得为三餐、房租发愁啊！出路，出路在哪里呢？看着朋友意气风发地做生意，摸摸自己的榆木脑袋，根本没那天性。换工作吧，能好到哪去，同样是打杂，想学个一技之长生存吧，好像办公室做惯了，除了电脑不知道能干些什么，糊涂迷茫啊……”

听听这些发自女人内心的声音！除了震惊、同情，还有什么？还有引以为鉴！我们不应该做这样的女人，我们应该做至少有一技之长的女人！

在成都的西面有一所居室，设置典雅，每逢周三、周四、周六，会有四面八方的人汇集于此。吸引他们的，是博大精深的中华传统花艺，还有来自台湾的花艺教授、浣花草堂的创办者曹瑞芸。“一花一世界，一叶一乾坤”，如果没有亲眼见识曹瑞芸老师的花艺课程和作品，可能很难领略这句话里所体现的意境。通过她的一双巧手，花枝、树皮，甚至蔬菜，那些看似单薄、独立的植物经过神奇的组合，突然有了生命和意义。

本来，她到成都并不是专门为了花艺，而是为了当孩子的陪读。结果，孩子到学校上课后，平日无聊的她便学起了花艺，没想到她做出的花艺摆设在成都大受欢迎，很多女人都争相报名想要学习她的花艺。

慢慢地，学生的规模越来越大，客厅坐不下了。曹瑞芸索性在芳邻路买了栋房子，办起了专业的花艺培训班，即现在的浣花草堂。1 000多元的学费在成都还是很有市场的，曹瑞芸的学生从企业老总、花店老板到普通白领、建筑师、职业妇女……授课的地点也从成都逐步扩展到北京、深圳、重庆等地，几年下来学生已近千人。她将自己的花艺技术变成了让自己致富的途径！

也许你目前还是在为自己的未来担忧，总是缺乏很强的安全感。这里给所有的女人提供一条最中肯的建议：不要指望别人给你安全感，你的安全感永远只能来自你自己。你必须要学会一技之长，有了一技之长，你就等于成竹在胸，不管世界如何变，聪明的你总会险处逢生。

第六章 CHAPTER 6

储蓄功夫要做得，好女不当“月光族”

很多人认为，把钱放在银行里，会侵蚀自己努力的成果。但他们忽略了：储蓄的目的，不一定只是为了回报率，而是让我们养成正确的理财习惯，迈出向财富靠拢的第一步，并积累出第一笔本金。

你的储蓄习惯是你的财富

越早学会理财，就越早掌握获取财富的技能。只有越早树立投资理财的意识与追求财富的观念，才能在资源竞争越来越激烈的现代社会中更易更快更早获得成功。现代社会是经济时代，或者叫财富时代，衡量一个人的主流价值标准就是财富。所以，女性朋友们，请马上开始储蓄吧！

怎样才能养成储蓄的习惯？

1. 积攒零钱

很多人从孩子开始，就有很多零钱，但是却不会想到要储蓄。结果，当发现没钱可存时，才会提醒自己平时应该把钱存起来。为此，你可以给自己买一个小储蓄罐，一有零钱，就立刻放进去，持之以恒，储蓄罐就会满满的。

2. 银行储蓄

不管你采取哪种储蓄模式，你一定要鼓励自己在干其他的事情之前，先将一部分钱付给自己——即把钱存到银行里。有人建议强迫储蓄，就是一拿到薪水就先抽出25%存起来。长期下来，就可以收到很好的效果。当然，方式可以不加限定，但你务必要在规定的日子里把钱存到银行，以形成储蓄的习惯。

3. 为储蓄设定目标

如果你要存钱做什么事情，建议你写在纸上，并写明希望实现的日期。然后把它放到容易看到的地方，使自己能时时看到目标，以起到提醒的作用。

4. 不时回顾

不时地看到自己的银行储蓄在一点点地增加，会体会到数字逐渐变多的喜悦。时间久了，你便会感受到金钱得来不易。这些钱都是自己辛苦挣来的，一定要珍惜，不能随意地花。

你每月该留多少“储备金”

有人说得好，要想使你自己的生活过得安稳无忧，一定要存有几个固定钱。原因如下：定期存款可以不断吃息；万一生病住院需要用钱；孩子每年都要有固定的教育基金；家庭每个月需要固定的生活费。当然了，如果这几个方面所需要的资金你都已经有所规划，除此之外，你还有闲钱，那你就可以做其他方面的投资了。也就是说，这几个方面的资金准备，应是你家庭里基本的“储备金”。

丁太太今年30岁，1年前生完孩子以后就没有再工作了，一直在家照顾孩子，先生今年32岁，在上海一家中型外企工作，经过多年努力，成为公司的中高层，年收入有25万元。她家现有一套住房，购买时一次付清，因此无负债，房子目前市值为300万元。丁太太之前的理财较为保守，50万元资产都做了定期存款，在股票市场投资10万元，有一定幅度的亏损。

丁太太夫妻俩都有社会保险、大病及医疗商业保险，每年保费7 000元，孩子有医疗及意外商业保险，每年保费1 000元。每月家庭平均支出约为6 000元。闲下来的丁太太思考着，家里之前没有定期预留储备金的计划，而50万元的存款又没有做其他的具体安排，她突然觉得自己好像一方面浪费了赚钱的机会，另一方面家庭保障工作又没有做到位。其实，丁太太家由于目前生活比较稳定，并已经有10万元做了有风险的股票投资，因此可以将50万元定期存款拿出一部分投资风险相对较小的基金，然后，就需要考虑储备金的问题了。那么，丁太太到底应该如何考虑她家的储备金计划呢？

首先，人身保险方面的储备金是让丁太太安心的基本储备金，根据最基本的双十原则，即用年收入的1/10购买收入十倍的保额的原则，丁先生一家的保费控制在1年缴纳2.5万元比较合适。

其次，关于孩子的教育储备金，以每年固定存储的方式来做储蓄。可以按照小学每年2万元，初中每年2.5万元，高中每年3万元，大学每年4万元的数额来做出相应的储备。

最后，是年老退休之后的医疗储备金。丁太太自己需要额外筹措养老期间的医疗储备金，此项规划要求投资波动性极小，建议以债券型的基金储备为主。以年收益5%来计算，如果60岁时想要筹集50万元作为家庭医疗专项储备金，则现在丁太太每个月需要定投620元即可。

当然每个家庭的情况都不一样，也不能完全照搬。可是，我们可以通过丁太太的例子来做一个参考，提醒自己应该好好分析一下目前家里的资金情况，做进一步合理的规划。这里，不妨告诉各位女性朋友们一条做储备金计划的黄金准则：“月3（30%）、年3（30%）、3年翻番”，即每月坚持把收入的30%储蓄起来，做理财投资的原始资本积累；每年实现30%的投资收益率；每3年使自己的金融资产实现倍增。这样，几个三年下来，你会惊喜地发现，你家里的资产已经翻了几番了。

一般来说，以上述准则来做储备规划，也许在刚开始的阶段，需要节衣缩食，可能日子会比较清贫，但是，你却可以过得很安心，因为你家的储备金充足，不用太害怕各种突来的风险。而坚持下来之后，慢慢日子就会好过起来。等到收入慢慢稳定下来，资金也慢慢积累起来之后，这种习惯仍然不能放弃。而且，那时候就应该尤其要注意给家庭准备好应急储备金，以防不时之需了。可能又有人要问了，那具体的应急储备金应该储备多少呢？一般来说，家庭应急储备金的数额一般以3~12个月的家庭生活费为宜，以应付收入突然中断或有其他意外情况时仍能维持生活。正因为如此，储备家庭应急备用金，首要是保持其较高的流动性和安全性，然后在此基础上尽量提高收益。

储蓄，最具防御性的理财方式

近年来，女性的理财选择日益丰富，货币市场基金、外汇结构性理财产品、人民币理财产品等令人应接不暇。在个人理财大行其道的今天，理财似乎成为储蓄的代名词。因而有些女性忽视了合理储蓄在理财中的重要性，错误地认为只要理好财，储蓄与否并不重要。

然而，每月的储蓄正是投资资金源源不断的源泉。只有持之以恒，才能确保理财规划逐步顺利进行。因此，进行合理的储蓄，是理好财的第一步。

我们来看看小倩是怎样储蓄的：

小倩工作第二个月，妈妈就以小倩的名义，在银行开了一个零存整取账户，每月固定存入1 000元。那时候，小倩的工资全部加起来还不到2 000元。一开始，小倩是满心的不乐意，看着同时参加工作的女伴，每月发了工资的那几天，随心所欲地购买心仪的服装和化妆品，而自己却只能小心翼翼地算计着过日子，小倩没少向妈妈抱怨。无奈妈妈丝毫不为所动，到了发薪水的那天，总是不忘提醒小倩把钱按时存入账户。

后来，小倩意外地发现自己的账户里有很多钱，可以准备投资了。当然，小倩最感谢的就是妈妈，如果不是妈妈一开始就强制她储蓄，使她养成量入为出、不盲目过度消费的好习惯，也就没有她后来可以用来理财投资的充足储备资金。说到这里，小倩经常不忘提醒她的朋友“平时无论钱多钱少，一定要使自己养成储蓄的好习惯，实在不行的话，就学我妈妈这样强制储蓄”。

平时要养成“先储蓄再消费”的习惯才是正确的理财法。实行自我约束，每月在领到薪水时，先把一笔储蓄金存入银行（如零存整取定存）或购买一些小额国债、基金，“先下手为强”，存了钱再说，这样一方面可控制每月预算，以防超支；另一方面又能逐渐养成节俭的习惯，改变自己的消费观甚至价值观，以追求精神的充实，不再为虚荣浮躁的外表所惑。这种“强迫储蓄”的方式也是积攒理财资金的起步，生活要有保障就要完全掌握自己的财务状况，不仅要“瞻前”也要“顾后”。让“储蓄”先于“消费”吧！

“先消费再储蓄”是一般人易犯的理财习惯错误，许多人在生活中常感左入右出、入不敷出，就是因为“消费”在前头，没有储蓄的观念，或是认为“先花了，剩下再说”，低估了自己的消费欲及零零散散的日常开支。

也有很多人每个月都会将工资的一部分储蓄起来，有些人储蓄10%的工资，有些存20%，有些存30%，还有的是把没有花出去的钱储蓄起来，每个月储蓄多少基本没谱。

那么从理财的角度来说，怎样才是科学的储蓄呢？我们都知道，理财是为实现人生的重大目标而服务的，而每月的储蓄其实就是投资的来源。因此，合理的储蓄应该先根据理财目标，通过精确的计算，得出为达成目标所需的每月应存储的金额；然后是量入为出，在明确的理财目标的指引下，每月都按此金额进行储蓄。至于每月的支出，那就是每月的收入扣除每月的储蓄额后的结余了。

有些人可能会说，“收入-储蓄=支出”与“收入-支出=储蓄”不是一样吗？从数学的角度来看，这两个等式确实一样，但从理财的角度看，两者却有天壤之别。每个人的收入基本上都是确定的，可以变化的也就是支出和储蓄了。如果是后一个等式，那么储蓄就变成可有可无了，有就存，没有就不存，并不是必须项，这也就是很多人理财规划做得不好，存不下钱的原因所在。只有重视储蓄，真正把它当作一项任务去完成，理财才有成功的可能。

合理储蓄窍门有二：其一，修正理财目标，延长达成目标的年限；其二，增加收入，如果既不想压缩开支，又要如愿完成目标，那就只能想办法增加自己每月的收入了。如果你的收入弹性不是很大，那还是调整理财目标比较合理。理财，是一个漫长的过程，一定要多存钱、多储蓄，手头上有节余、有能够运用的资金，才能用钱滚钱，才有办法抓住投资生财的机会。养成适当的生活、消费习惯，量入为出，避免“寅吃卯粮”，简单地说就是，不要每个月一进账就花光，甚至透支。

当然储蓄也有许多技巧，譬如：“不等份储蓄”可以降低利息损失；“阶梯储蓄”增值取用两不误；“时间差储蓄”见缝插针赚利息；“组合储蓄”一笔钱可以获两次利息；“约定自动转存储蓄”能有效避免利息白白流失；“预支利息储蓄”是负利率时期的最佳应急方式，等等。所以，如果有时间的话，不妨找一些这方面的书仔细研究研究，别看只是一些小钱，但积少成多就是一笔大钱了。

不可不知的存款计息小窍门

很多人都很懂得储蓄，但是懂得储蓄并不意味着懂得理财。

目前，尽管存款利息越来越低，但是来自金融部门的统计数据表明，储蓄仍然是普通女性最重要的投资手段。怎样才能通过储蓄最大获利？这其中还真有不少窍门。往银行存款看似是简单的一件事，实则大有学问，运用得当才能充分发挥这一理财手段的作用。

有的人担心利率会继续下调，就把大额存款集中到了3年期和5年期上，也有的人仅仅为了方便支取就把数千元乃至上万元钱存入了活期。这两种做法是否科学呢？让我们来看看具体的例子。

从工商银行获得的数据显示，现在的活期存款利率为每月0.6‰，1年期为每月1.65‰，3年期为每月2.1‰，5年期为每月2.325‰。假如以50 000元为例，3年期获得的存款利息约为3 024元，5年期获得的利息约为5 580元，假如把这50 000元存为活期，1年只有288元利息，即使存3年利息也只有1 100元左右。由此可见，同样50 000元，存的期限相同，假如方式不同，3年活期和3年定期的利息将差1924元左右，这种情况下存活期的利息损失是相当大的。但有人担心将存款一次性存入3年或5年定期，一旦提前支取，还是得不到较高的利息，事实上，现在针对这一情况，银行规定对于提前支取的部分按活期算利息，没提前支取的仍然按原来的利率。所以，个人应根据各自不同的情况来选择存款期限和类型。

从定期存款的期限来看，宜选择短期。

在具体的操作上，不妨采用一种巧妙的方法。可以每月将家中余钱存1年定期存款。1年下来，手中正好有12张存单。这样，不管哪个月急用钱都可以取出当月到期的存款。如果不需用钱，可将到期的存款连同利息及手头的余钱接着转存1年定期。这种“滚雪球”的存钱方法可以保证不会失去理财的机会成本。

现在，银行都推出了自动转存服务。女性在储蓄时，应与银行约定进行自动转存。这样做，一方面，避免了存款到期后不及时转存，逾期部分按活期计息的损失；另一方面，存款到期后不久，如遇利率下调，未约定自动转存的，再存时就要按下调后的利率计息，而自动转存的，就能按下调前较高的利率计息，如到期后遇利率上调，也可取出后再存。

如果急需用钱，而存单又尚未到期，并且是在以前高利率时存的，可不必提前支取，因为银行规定定期存款提前支取时利息按活期存款计算。这时，可以用存单作抵押到银行贷款，等存单到期后再归还贷款。当然，事先要计算一下，假如到时归还的贷款利息要高于存款利息，那么这一方法就不可取了。这时，可以到银行办理部分提前支取，余留部分存款银行将再开具一张新存单，仍以原存入日为起息日，这一部分的定期存款的利息就不会受到影响。

假设手中的闲钱预计在几个月内不用，那么选择定期三个月或六个月比较划算，但需要弄清楚你存款的银行是否有自动转存业务。选择能自动转存的银行，就省去了跑银行的麻烦，存款到期后利息和本金会自动转存并计息。

比如，你手中有1万元，先存三个月定期，到期时利息为79.09元，则第二、第三、第四季度继续连本带利自动转存，利息分别为79.71元、80.34元和80.98元，滚存1年后利息总计为320.12元，要比1万元存活期多出251.72元。

由此可见，了解一些存款计息的小窍门有利于我们的财富增长，女性朋友们平时有空可多去银行或者通过各种渠道了解一些存款常识和技巧，以帮助我们不断增加财富。

定期存款还是活期存款

银行存款是最传统的存钱渠道之一，可分为活期性存款和定期性存款两类。

前者利息较低，但随时可以存领，而且金额不受拘束。后者利息较高，但有存款期限，未到期前提款，会有利息的损失。储蓄的目的是为累积财力，所以最好不要经常动用已存下来的钱，基于这种考虑，以定期性存款作为储蓄较佳，活期性存款则只用来存放家庭的急用款，保持大约三至六个月的生活费用就够了。定期性存款又分为定期存款和定期储蓄存款，前者需要整笔的资金，后者则可以采用“零存整付”的方式。

只有在一定期限内不用的钱，才适合存定期，而且期限越长利率越高。这里很关键的一点是把期限确定好，比如：存一笔定期1年的钱，结果半年刚过便有急用，不得不提前支取，这半年银行只按活期存款的利息计算，就不如当初存半年定期，那样利息比活期的高得多。

鉴于期限越长，利率越高，所以定期储蓄是长线投资的一个重要手段。即使国家利率调低，已存的钱利率也不变，而若调高，则从调高之日起，按高利率计算，这是银行的惯例，也是国家保证储户利益不受损失的措施。

家庭主妇林女士，有一笔私房钱5万元，这笔钱在几年内都用不上。但是存活期利率是0.72%，1年下来税前利息只有135元，她觉着这样太不划算。因此她在保证这笔资金在几年内都不会动用的情况下，选择“整存整取”这种定存方式，因为这种方式是所有定存里面利息最高的。

而白领小张，月薪6 000元，刚工作，没有太多的积蓄，并且不能保证这些积蓄是否不动用，在这种情况下选择活期的方式比较合适。

其实，活期和定期存款没有什么好与不好，关键是根据自己的情况，选择适合自己的存款方式。

就活期存款而言，目前银行一般约定活期储蓄5元起存，多存不限，由银行发给存折，凭折支取（有配发储蓄卡的，还可凭卡支取），存折记名，可以挂失（含密码挂失）。利息于每年6月30日结算一次，前次结算的利息并入本金供下次计息。

活期存款用于日常开支，灵活方便，适应性强。一般可将月固定收入（例如工资）存入活期存折作为日常待用款项，供日常支取开支（水电、电话等费用从活期账户中代扣代缴支付最为方便）。

由于活期存款利率低，一旦活期账户结余了较为大笔的存款，应及时支取转为定期存款。另外，对于平常有大额款项进出的活期账户，为了让利息生利息，最好于每两月结清一次活期账户，然后再以结清后的本息重新开一本活期存折。

定期存款和活期存款有所不同，它是50元起存，存期分为三个月、半年、一年、两年、三年和五年六个档次。本金一次存入，银行发给存单，凭存单支取本息。在开户或到期之前可向银行申请办理自动转存或约定转存业务。存单未到期提前支取的，按活期存款计息。

定期存款适用于生活节余的较长时间不需动用的款项。在高利率时代（例如20世纪90年代初），存期要就“中”，即将5年期的存款分解为一年期和两年期，然后滚动轮番存储，如此可利生利而收益效果最好。

在低利率时期，存期要就“长”，能存5年的就不要分段存取，因为低利率情况下的储蓄收益特征是“存期越长、利率越高、收益越好”。

当然对于那些较长时间不用，但不能确定具体存期的款项最好用“拆零法”，如可以将一笔5万元的存款分为0.5万元、1万元、1.5万元和2万元4笔，以便视具体情况支取相应部分的存款，避免利息损失。若遇利率调整时，刚好有一笔存款要定期，此时若预见利率调高则存短期；若预见利率调低则要存长期。

女性朋友在选择存活期还是存短期时不能仅仅考虑哪个获得的报酬更多，要结合自身的经济条件，选择适合自己的方式。

坚定存钱信心，不做月光族

诺基亚副总裁弗兰克·诺弗的口袋里通常有三个手机。“我平时用的最多的是这两个。”他指了指摆在桌上的Vertu Signature和Vertu Ascent说，“运动的时候我就用诺基亚的防水手机，有时候我也用其他型号的产品，选择哪一个完全取决于我当时的心情。”

哈，取决于心情？这个论调不是许多“月光族”的行为写照吗——大手大脚地花钱，只是为了满足“想要”的欲望罢了。就像弗兰克·诺弗解释说：“从需要的本质含义上说，我们不需要法拉利，也不需要保时捷，我们只是，或者说就是想要它。”

据调查，21~25岁的英国女性中，80%的人花的钱比挣得多，46%的人信用卡透支，平均负债3 830英镑，只有21%的被调查女性说自己有储蓄的习惯，14%的人意识到为了还贷应该节省开支。总的来说，接近一半的女性当上了“月光族”。调查还发现，越是受过良好教育、越优雅的女人，物质欲望越高涨，财政赤字也越大。还记得《欲望都市》里的专栏作家凯莉和《穿Prada的女魔头》里的米兰达吗？她们可都是物质至上的高智商女人啊！

一位专栏女作家说，之所以选择上大学，是因为教育能够保证未来生活的质量。但她没想到，毕业典礼结束后，眼前的路不是金光大道，而是各种债务的泥潭。所有的职场专家都说："服装是投资，你应该为你想要的工作穿衣，而不是为已有的工作穿。"而想要的工作就像想要的生活那样，总是源源不断地在提高、在改变，对于优雅又受过高等教育的女孩尤其如此。她们喜欢城市生活，喜欢花钱，不愿让青春出现空白和遗憾。

在西方消费观念不断侵袭的背景下，一批中国的青年人也喜欢上了过度消费，当上了月光族。尤其是女孩子，更是勇于尝试新的东西，如新款服装、新款美食、新款化妆品，并且掌握流行趋势的发展，成为走在时代前端的摩登人物。"月光族"是商家最喜欢的消费群体，因为他们有强烈的消费欲望，会花钱。挣钱不多的，每月的工资光光的，能赚钱的也富不过30天。相对于努力攒点钱的储蓄族而言，"月光族"的做法就是：挣多少花多少。现在，就让我们通过实例来看一下一些朋友是如何沦为月光族的。

张某今年26岁，单身，是一家外企的行政人员，月收入6 000元。在花销上，张某算不上大手大脚：为了减轻房租压力，她和同事合租了一套房子；晚饭一般都是自备优惠券吃洋快餐；衣物极少买名牌，基本上都是常换常新的“大路货”……虽然如此“节俭”，但到了每个月月底，张某的工资依然花得光光的，毫无结余。她总是抱怨：“我的钱都上哪儿去了？”

陈某，一家公司的市场策划人员，平均月收入8 000元。这个女孩虽然挣钱不少，但是花钱更多。什么都敢玩，什么都敢买，偶尔还会向朋友借债度日，几乎每个月都是月初是“富翁”，月尾是“负翁”，工作3年了，还一点积蓄也没有。

拿着丰厚的薪水，却打起贫穷的旗号，每月工资花光光——张某和陈某就都属于时下非常“时髦”的“月光族”。需要我们分析的是，这两人收入高低不同，花钱习惯不同，为何都陷入了“月光族”的泥沼中了呢？

陈某的“月光”自然是源自“什么都敢玩，什么都敢买”，花钱过于大手大脚、毫无节制。那么张某呢？她花钱虽然不“大手大脚”，却缺乏条理性和计划性。比如，她名为“合租”，却租的是一套房子，并不见得会比单租一间房子便宜；她吃的是打折的洋快餐，但会比自己在家做饭便宜吗？她买衣服不追求名牌，却追求“常换常新”，每个月买的“大路货”到底有多少件？是否频率过高，是否买来后利用率很低？类似她这样的花钱误区，还可以找出很多很多。

所以，无论是陈某，还是张某，都应该好好反思一下自己的生活习惯，尤其是消费习惯，若不想成为浩浩荡荡的“月光族”一员，应该量入为出，做到有计划地花钱。

俗话说“钱是人的胆”，没有钱或挣钱少，各种消费的欲望自然就小，手里有了钱，消费欲立马就会膨胀，所以，月光族要控制消费欲望，最好能对每月收入和支出情况进行记录和“监控”，防止不必要的消费。

记账能使你对自己的支出做出分析，了解哪些支出是必需的，哪些支出是可有可无的，从而更合理地安排支出。平时少逛街，抵制各种优惠促销的诱惑。不要仅仅为了消遣去购物，少逛街，你看不见心里就不会痒痒，当然也就不会乱买了。对于买100送50，五折优惠，积分贵宾卡等越来越煽情的诱惑一定要有免疫力，千万不可患上“狂买症”。对于月光族而言，对这种看似优惠的消费一定要克制，告诉自己“想要”和“需要”不是一回事。

还有就是要坚定存钱的信心，学会做预算。

写下你想存钱的理由，包括那些众所周知的原因，退休、买房、大学教育、旅行或者是一个你筹划已久的大件花销，车子、游艇等。还包括其他的一些理由，比如为了经济有保障，为了内心宁静，为了帮助他人，为了心里踏实，以及其他一些琐碎的原因。只有知道为什么要省钱，你才有可能坚持下去。把这些理由写在你的预算的首要位置然后装在钱包里随身携带。

然后敦促自己养成为每月的开支制订预算的习惯。制订预算，最简单的办法就是使用免费网上预算服务，蜂巢网。或者也可以使用Quicken、Microsoft Money等软件。当然，你也可以简简单单地用电子表格做一个收入和支出（包括节省的钱在内）的柱形图。这个做法能使你为本月花销给出一个最大估算也得到一个存款最小值。

我们提醒各位女性“月光族”：谨慎花钱，精明理财。虽然消费和戏剧、舞蹈一样，是一种自我表现的方式，可以治疗空虚、厌世，消磨闲散的时间，但这些，都是暂时的。

第七章 CHAPTER 7

债券，基金，保险，总有一款适合你

财富的积累需要储蓄，但如果一直储蓄，而不去投资，那么钱就不能产生更多的价值。虽然你不会为没钱的生活而忧虑，但你永远也不能成为富翁。钱就像水一样，只有流动起来，才能创造出更多的价值。

投资债券如何稳赚不赔

估计很多女性朋友都有购买债券的经历，但是可能就在这些有购买经历的朋友中，很多人却连债券是什么都分不清。

债券是一种有价证券，是社会各类经济主体为筹措资金而向债券投资者出具的，并且承诺按一定利率定期支付利息和到期偿还本金的债权债务凭证。由于债券的利息通常是事先确定的，所以，债券又被称为固定利息证券。

正是因为债券的利息通常是事先就确定的，所以，相对于其他风险高的投资类别来说，债券相对来说应该是非常安全的投资工具了，尽管债券的回报率低了点，但是由于债券的种类不同，其收益和风险程度也不尽相同。如果合理搭配，就可以做到债券投资稳赚不赔。下面我们就根据我国目前的债券类别给大家介绍一下投资什么样的债券才能够赚钱。

地方债。这种债券虽无风险，但其利率低于定期存款利率，所以，这种债券受欢迎程度不高。如果买地方债，还不如直接存银行的定期了。

公司类债券。公司类债券有一定的风险，因为其还款来源是公司的经营利润。但是任何一家公司的未来经营都存在很大的不确定性，因此公司债券持有人承担着损失利息甚至本金的风险。所以，这种债券不适合普通老百姓投资，而适合比较了解公司经营状况、眼光精准的投资者。

城投债。由于缺少科学的评级体系，这种债券存在着潜在偿还风险，且受资金投出成效影响，也不适合普通老百姓投资，建议大家慎重。

债券基金。在国内，债券基金的投资对象主要是国债、金融债和企业债。债券基金有以下特点：①低风险，低收益。由于债券收益稳定、风险也较小，相对于股票基金，债券基金风险低但回报率也不高。②费用较低。由于债券投资管理不如股票投资管理复杂，因此债券基金的管理费也相对较低，③收益稳定，投资于债券定期都有利息回报，到期还承诺还本付息，因此债券基金的收益较为稳定。④注重当期收益。债券基金主要追求当期较为固定的收入。相对于股票基金而言缺乏增值的潜力。债券基金较适合于不愿过多冒险，谋求当期稳定收益的投资者。

凭证式国债。这种债券无风险，适合资金基本不需动用的人，投资门槛是最低1 000元，可以通过银行柜台交易，其收益高于银行定期存款利率。这是一种纸质凭证形式的储蓄国债，可以记名挂失，持有的安全性较好。

三个关键词帮你选择债券

债券，因收益率较高、风险小而吸引了很多女性投资者。如何买卖债券可以得到较高的收益，这里有一些技巧。

投资者在看债券的分析文章，或者媒体提供的债券收益指标时，经常会发现几个专有名词：久期、到期收益率和收益率曲线。这些名词对于投资者选择债券来说都意味着什么呢？

1. 久期

久期在数值上和债券的剩余期限近似，但又有别于债券的剩余期限。在债券投资里，久期被用来衡量债券或者债券组合的利率风险，它对投资者有效把握投资节奏有很大的帮助。

一般来说，久期和债券的到期收益率成反比，和债券的剩余年限及票面利率成正比。但对于一个普通的附息债券，如果债券的票面利率和其当前的收益率相当的话，该债券的久期就等于其剩余年限。还有一个特殊的情况是，当一个债券是贴现发行的无票面利率债券，那么该债券的剩余年限就是其久期。另外，债券的久期越大，利率的变化对该债券价格的影响也越大，因此风险也越大。在降息时，久期大的债券上升幅度较大；在升息时，久期大的债券下跌的幅度也较大。因此，投资者在预期未来升息时，可选择久期小的债券。

目前来看，在债券分析中久期已经超越了时间的概念，投资者更多地把它用来衡量债券价格变动对利率变化的敏感度，并且经过一定的修正，使其能精确地量化利率变动给债券价格造成的影响。修正久期越大，债券价格对收益率的变动就越敏感，收益率上升所引起的债券价格下降的幅度就越大，而收益率下降所引起的债券价格上升的幅度也越大。可见，同等要素条件下，修正久期小的债券比修正久期大的债券抗利率上升风险能力强，但抗利率下降风险能力较弱。

2. 到期收益率

国债价格虽然没有像股票那样波动剧烈，但它品种多、期限利率各不相同，常常让投资者眼花缭乱、无从下手。其实，新手投资国债仅仅靠一个到期收益率即可做出基本的判断。到期收益率=［固定利率+（到期价−买进价）/持有时间］/买进价，举例说明，某人以98.7元购买了固定利率为4.71%，到期价为100元，到期日为2011年8月25日的国债，持有时间为2 433天，除以360天后折合为6.75年，那么到期收益率就是（4.71%＋0.19%）/98.7＝4.96%。

一旦掌握了国债收益率的计算方法，就可以随时计算出不同国债的到期或持有期内收益率。准确计算你所关注的国债的收益率，才能与当前的银行利率做比较，做出投资决策。

3. 收益率曲线

债券收益率曲线反映的是某一时点上，不同期限债券的到期收益率水平。利用收益率曲线可以为投资者的债券投资带来很大的帮助。

债券收益率曲线通常表现为四种情况：

正向收益率曲线，它意味着在某一时点上，债券的投资期限越长，收益率越高，也就是说社会经济正处于增长期阶段（这是收益率曲线最为常见的形态）。

反向收益率曲线，它表明在某一时点上，债券的投资期限越长，收益率越低，也就意味着社会经济进入了衰退期。

水平收益率曲线，表明收益率的高低与投资期限的长短无关，也就意味着社会经济出现极不正常的情况。

波动收益率曲线，这表明债券收益率随投资期限不同，呈现出波浪变动，也就意味着社会经济未来有可能出现波动。

在一般情况下，债券收益率曲线通常是有一定角度的正向曲线，即长期利率的位置要高于短期利率。这是因为，由于期限短的债券流动性要好于期限长的债券，作为流动性较差的一种补偿，期限长的债券收益率也就要高于期限短的收益率。当然，当资金紧俏导致供需不平衡时，也可能出现短高长低的反向收益率曲线。

投资者还可以根据收益率曲线不同的预期变化趋势，采取相应的投资策略和管理方法。如果预期收益率曲线基本维持不变，而且目前收益率曲线是向上倾斜的，则可以买入期限较长的债券；如果预期收益率曲线变陡，则可以买入短期债券，卖出长期债券；如果预期收益率曲线变得较为平坦时，则可以买入长期债券，卖出短期债券。如果预期正确，上述投资策略则可以为投资者降低风险，提高收益。

基金，让投资遍布全世界

应该说，基金是一种人气指数比较高的投资产品，很多女性都热衷于购买基金。因为它相对股票来说，风险比较低，适合普通大众做投资。不过，对于新手来说，要想很快弄懂基金也不是一件容易的事情。

简单来说，基金就是一种间接的证券投资方式。它是由基金管理公司发行基金单位，集中投资者的资金，再由基金托管人（即具有资格的银行）托管，由基金管理人管理和运用资金，从事股票、债券等金融工具投资，然后共担投资风险、分享收益。形象地说，就是很多人把钱交给一个共同的“大管家”，这个管家来帮助这些做投资的人来用钱，代表他们投资，最后，投资所得或所失，所有买基金的人共同承担，正所谓“有福同享，有难同当”。这样，就有一个“大管家”帮助你来做投资，而且大管家还有专业的投资知识。尽管你只出了一部分资金，但是别人与你出的钱共同被“大管家”管理之后，“大管家”代替你将你的资金投向各个领域，甚至还会投向国外。这就为偷懒的你解决了大麻烦了。

另外，对于基金的种类，可能刚刚开始学习的女性朋友们不太了解，这里，简单地对几种基本的基金种类做一个介绍：

根据基金单位是否可增加或赎回，可分为开放式基金和封闭式基金。开放式基金不上市交易，一般通过银行申购和赎回，基金规模不固定；而封闭式基金有固定的存续期，期间基金规模固定，一般在证券交易场所上市交易，投资者通过二级市场买卖基金单位。

根据组织形态的不同，可分为公司型基金和契约型基金。公司型基金是通过发行基金股份成立投资基金公司的形式而设立的；而由基金管理人、基金托管人和投资人三方通过基金契约设立的，通常称为契约型基金。当然了，目前我国的证券投资基金均为契约型基金。

根据投资风险与收益的不同，可分为成长型、收入型和平衡型基金。

根据投资对象的不同，可分为股票基金、债券基金、货币市场基金、期货基金等。

大致来说，基金的基本种类就是上述这几种。由于篇幅所限，每一种基金具体的特点就没办法详细展开了。建议对基金感兴趣的朋友们可以阅读专业的书籍来了解每一种基金的具体特点，寻找适合自己投资的基金类型，而不要盲目跟随别人去购买。

很多人虽然在投资基金，但是，对基金其实并不是很了解。他们可能只是盲从而已。为什么要选择基金作为你的投资工具呢？它有什么特殊的地方？我想，这是每一个想要投资基金的女性朋友都需要了解的问题。

1. 基金是一种集中的理财方式，管理更加合理

正如上面所说，基金需要一个“大管家”来帮助众多的投资者理财。也就是说，基金将众多投资者的资金集中起来，委托基金管理人进行共同投资，这样，它就表现出一种集合理财的特点。通过汇集众多投资者的资金，积少成多，有利于发挥资金的规模优势，降低投资成本。基金由基金管理人进行投资管理和运作。基金管理人一般拥有大量的专业投资研究人员和强大的信息网络，能够更好地对证券市场进行全方位的动态跟踪与分析。因此，相对于外行来说，中小投资者可以通过这种形式直接享受到专业化的投资管理服务，而这正是其他投资项目所难以拥有的特点。

2. 基金以组合的方式来分散中小投资者的风险

稍微了解一点基金的投资者都知道，基金的风险相对较低。而至于为什么基金的风险低，可能就没几个人能答得上来了。我国《证券投资基金法》规定，基金必须以组合投资的方式进行投资运作，这就使“组合投资、分散风险”成为基金的一大特色。“组合投资、分散风险”的科学性已为现代投资学所证明，中小投资者由于资金量小，一般无法通过购买不同的股票分散投资风险。基金通常会购买几十种甚至上百种股票，投资者购买基金就相当于用很少的资金购买了“一篮子”股票，某些股票下跌造成的损失可以用其他股票上涨的盈利来弥补。所以，你就相当于和别的投资者一起，用他们的钱来帮助你买多样化的股票，如果赚到了钱，那么，你就可以拿回属于你的利润；如果赔了钱，那还有别人帮助你分担。

3. 基金的“管家”不能觊觎你的资金

很明显，如果你投资了基金，那么你就是一定份额基金的所有者。你和其他的基金投资人共担风险，共享收益。基金投资收益在扣除由基金承担的费用后的盈余全部归基金投资者所有，并依据各投资者所持有的基金份额比例进行分配。为基金提供服务的基金托管人、基金管理人只能按规定收取一定的托管费、管理费，并不参与基金收益的分配。所以说，帮助你和其他投资者管理你们的资金的基金托管人，是不能觊觎你们的资金的。这就可以让投资者放心了。

4. 中国证监会帮你来监管

看了上一条，可能有人还是不放心，万一帮助我管理资金的基金托管人，也就是我们的“大管家”动了歪心思，把我们的资金都给骗走了怎么办？正是因为考虑到这一点，为切实保护投资者的利益，增强投资者对基金投资的信心，中国证监会对基金业实行比较严格的监管，对各种有损投资者利益的行为进行严厉的打击，并强制基金会进行较为充分的信息披露。所以，在这种严厉的监管之下，基金的信息十分透明，可以让投资者也做一个监督者，这也是基金的一个显著特点了。

5. 用你资金的人与保管你资金的人不是同一个

如果负责管理你的资金的基金“大管家”同时又能够帮助你做投资，那么，对他如何用你的资金就难以形成有效的监督了。所以，为了形成有效的监督机制，基金管理人负责基金的投资操作，却并不经手基金财产的保管。基金财产的保管由独立于基金管理人的基金托管人负责。因此，这种相互制约、相互监督的制衡机制对投资者的利益提供了重要的保护。这种保护加之证监会的保护，就更加提高了基金的安全性。

尽管女性朋友们的安全感一般比较低，但是，基金可以让所有的女性朋友们打消种种顾虑，让对财经信息头疼的女性朋友们省下不少精力。因为有人可以帮助你来打理你的资金了。优秀的基金经理，会将你的资金按照不同的比例分成不同的份数，然后根据各种资金市场的情况进行合理投资，你的资金的触角就伸到了很多不同的市场。这是你自己去投资所难以做到的，而且，你也不必一个人承担这些投资的风险，而是有其他的投资人与你共同承担。所以，女性朋友们热爱基金，也就有因可循了。

最适合女人的基金投资方法

女性在现代社会也肩负着越来越重要的责任，她们奋斗在各行各业，取得了骄人的业绩，收获了成功，受到了别人的尊重。但在家庭理财方面，很多女性朋友由于没有时间，或许缺乏专业的知识和技巧，或许没有专家指点，家庭财务没有得到很好的打理和规划，不知道如何实现家庭的梦想。

其实，通过基金定投，女性朋友可以实现家庭的梦想。

基金定投是一种中长期的理财方式，也被称之为“懒人投资方法”，因为它既省去了购买的手续，对投资时机也有所弱化。但是在现有的基金品种中，如何选择实现投资收益的最大化，还是有技巧可言的。

1. 弄清楚基金定投业务的主要事项，确定与自己匹配的理财计划

投资者在选择定投计划时，应弄清楚该项业务的主要事项，从而确定定投计划是否与自己的理财计划相吻合。

①投资额度：每月最低扣款金额200元，并以100元的整数倍递增。

慎重进行额度选择，以实现投资的连续性。由于此产品适于长期投资，因此客户在进行投资额度确认时，不宜占全部收入的比例过大，以免影响正常的生活及最终投资目标的实现。

②期限：一般为3年和5年以上，也可以不约定扣款月数。

对有一定精力愿意参与投资的客户，可注册网上银行，时时关注净值的情况，通过网上转账功能，自行选择月最低点进行调整扣款，以加强投资人对资金的自由支配性，从而实现收益的最大化。

③受理时间：开放式基金正常申购时间。

④基金赎回：随时可以在交易时间内办理基金赎回。

⑤是否有优惠活动等。

2. 正视风险的存在，理性参与

在投资过程中，我们既要防止把风险扩大化，又要防止把风险弱化甚至零化。我们要充分认识到：收益与风险永远并存，基金业务的风险不容回避。“基金定投”不做保本承诺，不能把银行宣传品和媒体列举的“收益案例”中的“预期收益”等同于“固定收益率”，从而简单地理解“定投业务”为：零存整取的方式高于银行储蓄的利率。当然，我们也要看到“基金定投”采用分散的投资方式将使风险充分得以弱化，同时，采用积少成多的购买方式将使投资更加趋于稳定。工行曾推出的六支优选基金（南方稳健成长基金、国联安德盛基金、广发聚富基金、申万巴黎盛利精选基金、华安上证180指数型基金、融通深证100指数型基金），全部为证券型，而2010年股市已达五年以来的最低点，下降空间有限，低点申购可为投资者带来更大的收益。总之，长期积累分散风险的“基金定投”，作为投资者再次进入基金市场的优势产品，值得一试。

3. 树立中长期的投资理念

不论购买基金的方式如何，中长期投资的理念都是需要的。因为“基金定投”的产品特性决定了适宜投资于波动性较大的市场，而中国股市一般18个月为一个周期，像三年期限正好是两个周期，这样，长期投资的时间带来的复利效果，就可以在一定程度上分散股市多空、基金净值起伏的短期风险。此外，长期持有也可以减少投资的各种手续费，像广发、融通等基金的定投品种，就采用后端收费的方式，持有超过一定的期限，赎回费可以减免。工行的基金定投之所以有3年或5年的投资期限，其业内人士也解释说，这只是对投资者正确投资的一种引导，以尽可能减小投资的风险，对投资的流动性并没有任何影响。

4. 挑选投资基金品种

“基金定投”产品的关键是对于基金的选择，这也是投资的关键步骤。

首先，应选择投资经验丰富且值得信赖的基金公司。因为定期定额投资期间长，选择稳健经营的基金管理公司可以维持一定的投资水准。

第二，不是每只基金都适合以定期定额的方式投资，而所投资的市场也需要考虑。如何在众多的基金中挑选适合自己投资的基金呢？一般来说，可从以下几个方面来进行考察：①考察基金累计净值增长率，基金累计净值增长率=（份额累计净值-单位面值）/单位面值；②考察基金分红比率，基金分红比率=基金分红累计金额/基金面值；③可将基金收益与大盘走势相比较，如果一只基金大多数时间能够跑赢大盘，说明其风险和收益达到了比较理想的匹配状态；④可以将基金收益与其他同类型的基金比较。

从某种程度上来说，定期定额对市价波幅大小的注重，会大于实际价格涨幅。波幅尤其是低价期的向下波动反而会提高投资者的收益率。这是因为你定期购买某一只基金，当它市价较高的时候，你所能购买到的单位便会较少，反之便能购买到较多单位。所以，一段时间内，两只基金如果涨幅一致，一只的波幅较大，也就意味着在低价位时购买的单位较多，显然长期持有时它的收益会更高。

波幅的大小可以通过“标准差”这个数据来衡量，投资者登录晨星等基金评级网站，如果两个基金产品其他各方面都差不多，标准差较大的那个会更加适合定期定额。

当然，对于一个长期持有的投资产品，波幅所伴随的则是风险。当我们通过定期定额的方法累积了相当数量的高波幅基金之后，就需要进行一些组合上的调整，将这些累积的高波幅基金转换为同类型的盈利水平差不多但波幅较低的基金。这样在保持盈利几乎不变的前提下，可以进一步降低投资组合的风险。

如果投资者自己拿不准，也可交给银行，让银行帮忙制订基金组合投资方案。那银行又如何进行推荐呢？据工行个人业务处的人士介绍说，他们一般推荐两种基金：一种是老牌绩优型的，一种是无风险收益稳定的货币市场基金。

投保要考虑年龄与职业

投保的重要性已经越来越被女性朋友们所重视，很多女性参加工作后，都会在朋友或家人的建议下购买一定的保险，以保障自己日常生活的稳定性，给自己一份安心的生活。

相对男性，女性更加感性，在买保险时容易受到外界因素的影响，容易冲动。比如，下班时目睹一起车祸，或者亲朋好友有人患重病，都会令女性想到保险。女性心软、柔弱、感性等这些特点，也导致她们在买保险时容易犯一些特有的错误。

此外，很多女性朋友都有一种盲从的心理。女性买保险时要冷静，要充分与保险代理人交流沟通，选择最适合的保险产品。

还有，很多女性都比较有牺牲精神，总是容易忘记自己的需求，已婚的女性尤其如此。一提到保险，很多年轻女性都认为自己身体状况很好，不太愿意为保险埋单；随着年龄增大逐步认识到保险的重要性后，女性投保时又往往会首先考虑到孩子、丈夫和父母。她们往往给别人做好了安排，却忘记了自己的重要性。

要知道，我们也是家庭中不可缺少的一员。

所以，不管是为自己还是为家人，负责任的女人都应该注意根据自己的具体情况来购买适合自己的保险，让自己放心的同时，更让家人安心。

那么，女性朋友们在购买保险时，由于年龄层的区分和职业收入的不同，会导致投保的种类有所区别，因而不能一刀切。下面，就分别根据年龄和职业收入两个方面的具体情况来为女性朋友们介绍一下，适合您的保险种类是哪些。

1. 30岁左右的女性朋友

这时的女性兼临事业和生育的压力，还有常见、高发女性疾病发病年龄提前、妊娠并发症、新生儿先天疾病等风险的困扰。意外、医疗保障可酌情配置。比如说女性疾病险、妇婴险等，都是这段时间的女性朋友们应该考虑的险种。这一年龄段的女性也是家庭收入的主要来源，还应考虑购买以保障型为主的寿险。

2. 30～35岁的年轻妈妈

这个年龄段的女性朋友大多是初为人母，非常需要保障，因为此时上有老下有小，事业家庭都得兼顾，因此投保一份寿险很有必要。其保额应该为年收入的5~10倍。这样万一将来出了意外，起码家庭生活可以维持5~10年不变。同时，意外、医疗险也要考虑。

3. 35～50岁的能干妈妈

这个时期的女人，大多处于事业成熟稳定期，并且孩子处于慢慢长大的过程中。如果说之前妈妈们有结婚生子、买房买车的压力，还没来得及规划养老的话，现在就要赶紧考虑了，还有重大疾病险也要购买。40~50岁会开始进入疾病高发期，条件允许的话可以考虑具有理财性质的保险。所以，这个阶段的女人应该开始筹划养老金了。

4. 50岁之后的退休妈妈

50岁之后，很多女人都会慢慢进入退休期，而这个时候，需要女人们来操心的事情也会慢慢减少，因为这时子女也成家立业了。所以，确保无后顾之忧的晚年生活是此时期的重点。应考虑购买年金保险、养老险；当然，随着年事渐高，应及早提高重大疾病、医疗险的保额。

说完各个年龄层的女人适合的主要险种之后，接下来，我们来看看不同职业收入的女性朋友们应该如何理性地投保。

白领女性通常有较固定的工作收入，对于生活也有更长远的规划和期待，因此在购买保险时有较大的自由度，容易成为保险销售人员的主攻对象。比较适合她们的是将收益性的险种和保障型的险种相结合来投保。

对于收入一般的已婚女性，因为已经有了公众的医疗保险，因此在收入平平的情况下，可以只购买一些消费型的意外险作为补充，或投保价格较低的女性健康保险，并在此基础上选择具有分红之类理财功能的保险品种，以达到理财和疾病、意外、养老等综合预防功能的目的。

收入较高的已婚女性，因为个人可支配的财产较多，所以可承受保险公司推出的价格较高的女性健康保险，另外也可以考虑适当地购买一些高回报的投连险或万能险。

至于全职太太，由于其经济来源全部依赖于另一半，首先应该考虑的是为先生投保，自己则需要投保一些重疾险和养老险。在此基础上，可以配备一些理财型保险，如投连险、万能险和分红险等。

所以，通过纵向的年龄层的划分和横向的职业收入的区别，亲爱的女性朋友们应该能够大致清楚自己当下最适合买的保险是什么类别了。在投保之前，最好先了解清楚，否则，万一碰上不负责的经纪人，被他们忽悠了，就白白浪费钱了。

什么样的保险公司值得信赖

在女性朋友们决定投保后，最头疼的问题就是应该选择哪个保险公司了。毕竟如今的市场上，保险公司繁多，而业务和价格似乎也相差不大，到底应该选择什么样的保险公司才合适呢？也就是，什么样的保险经纪公司是值得信赖的公司呢？

首先，在选择保险经纪公司时，要考虑以下基本的几个方面：

公司依法成立、证照齐全；

公司的理念、经营模式、企业文化等；

公司在市场上的口碑如何，是否有过不良记录；

能否在一定程度上领导和代表着这个行业的发展方向；

公司的服务模式是否专业，是否切合自己的实际需求等。

为什么首先要重视的是这几个方面而没有让大家特别关注价格和险种呢？因为仅仅从各家保险公司产品的功能和价格上比较，谁也不比谁有绝对的优势，否则，如果光凭产品和价格就能击败对手的话，那别的保险公司完全可以推出一个价格更低、功能更全的产品。

可以说，保险行业的产品是没有专利保护的，一个好产品出来了，其他的保险公司完全可以随时模仿和复制。因此，竞争到最后，在产品和价格上，每家保险公司都是差不多的。

事实上，如果您愿意掏钱，任何一家保险公司的任何一位代理人都可以为您提供一份保险合同，但这仅仅是纸面意义上的保险合同！而专业和持续的优质服务，是任何保险公司或任何代理人都可以提供的吗？

问题的关键就在这里！

保险合同拿到手，保险的服务才刚刚开始，今后的20年或更长的时间才是真正考验保险公司和代理人的服务是否能够让你满意的关键时候。

而且可能我们都难以想象，我们投保的保险公司也是有可能破产的。一旦你所投保的保险公司破产，你的利益能得到保证吗？所以在选择保险产品时，一定要考察保险公司的长期战略和稳健经营能力，考虑保险公司的口碑、信用记录，考虑其发展方向，而千万不要只顾眼前的利益盲目决定，毕竟保险是一项长期投资。

如果不了解清楚就随意办保险，一旦出险，后悔的可是我们自己。

杨某的妻子2006年怀孕办理准生证时，购买了某人寿保险公司的母婴安康保险，交纳保险金25元。同年，杨某的妻子发生了交通意外，导致母婴双亡。出事后，杨某向该人寿保险公司报案。按照该母婴安康保险的规定，受益人可得到保险金9 000元到12 000元。但是，经过一系列纠结的理赔过程之后，杨某最终只艰难地领取到了人身意外保险金4 000元。本来丧妻丧子之痛就让杨某已经十分伤心了，而最终在理赔的路上，原来的保险代理人的态度与当初办保险时完全是两个模样，让本就伤心的杨某更加遭受一层创伤。如果保险公司连这点最基本的人性关怀观念都没有，这样的保险公司肯定不是值得信任的公司了。

与杨某妻子的例子相反，我们再来看看刘女士的经历。

某超市员工刘女士在新婚登记时购买了某寿险公司的优生优育健康保险，每份保费50元。该险种可对优生优育中可能发生的29种疾患提供风险保障，如新生儿确诊神经管畸形可给付3万元，患唐氏综合征可给付20万元。经4个月围产医学检查，医生发现刘女士的胎儿肠腔畸形，在确诊后被迫终止妊娠。根据该优生优育险的规定，刘女士按原有保险金额的5倍获得了赔偿金。

同样是遭遇不幸，但是，刘女士似乎要幸运很多，她很顺利地就得到了保险公司的关怀与安慰，并且通过经济补偿的方式，让刘女士伤痛的心得到一部分宽慰。

可见，投保时的慎重选择十分重要。投保之初的慎重，就是为自己未来的安心提供更多一份的保障，也是给自己预留了一个足以应对的“万一”。

女人如花，我们希望美丽的女人花万一遭受风雨时，不要因为投保不慎而陷于无助的状态中，更不希望花期未到却先行凋谢……我们希望每一朵女人花都能够在花期尽情绽放，尽情展现生命的美丽！

第八章 CHAPTER 8

股票，外汇，黄金，样样都要懂一点

注重投资，善于投资，才能步入财富的殿堂；而不注重投资，不善于投资，就可能要过拮据的生活。女人会赚钱，更要会投资。无论是保守的储蓄、风险较大的股票，还是相对安全的基金、保险等各类投资方式，女人都要积极地去了解和尝试。

股票，女人新的理财名片

在城市，白领丽人们是新趋势的代表——从最新款的移动电话到汽车以及咖啡饮料等的第一追随者，而今天，她们还站在了另一种新时尚的前沿：股市投资。

全美投资协会统计表明，纯由妇女组成的股票投资俱乐部，年平均收益达21.3%，而纯由男子组成的股票投资俱乐部，年平均收益只有15%。女人炒股，便由最初的小女人开始投身大世界。她们不再只看言情剧，而开始看新闻联播，关心GDP，关心政治，关心经济。股票改变的不仅是女人的钱袋，更是女人的生活方式。

在股市行情大好时，她们甚至忘记了失恋的痛苦、单身的寂寞。女人与股市发生关系后，她们变得独立、坚强、勇敢，新鲜的生活方式让她们趋之若鹜。从几年前的女人要有自己的房，到现在要有自己的股，她们不断成长、独立，不断创造出属于自己的新天地。

投资股票的兴趣最初仅限于经验丰富的老股民，而目前已蔓延到更广泛的社会领域，特别是在大中城市。现在越来越多没有炒股经验的人去开户，股民的年龄越来越年轻化。很多股民甚至是还在大学读书的学生，股票真的成为新新人类的理财名片了。

小王是一位媒体工作者，有空时她总会关心一下股市和一些银行的理财产品。她总以小股民自居，“资金少、胆子小”，别人把股市当作收割机，希望很快就挣得盆满钵满，她却以平常心看待股市。

她有一帮经常一起吃饭的朋友，朋友们从来不东家长、西家短的，话题最集中的就是手中的钱投资什么最容易增值，买什么股票最好，朋友们都炒股，方式各不相同，各有各的精彩。那是她们聚会的话题，也是她们的业余生活。小王拿5万元左右来炒股，也不指望暴富，有点收益就行，要知道，在银行5万元存1年定期，只有1 000元的利息，股市的收成总比放在银行里多。

小王觉得自己像一个收拾麦穗的农民，总是不紧不慢地提着篮子拣剩余。不过保守有保守的好处，股市行情不好时，小王依然有10%的进账，这已经比银行利息高了好几倍。有了这额外的收入，小王就拿这点闲钱买打折时装，与朋友喝茶吃饭，炒股也变得其乐无穷。

大多数的股东们只是拥有一份普通职业，不论你是教师、司机、医生或学生都可能是某家公司的股东。所以即使你不是百万富翁，或甚至身无长物，你也可以投资股票。

炒股者最忌讳盲目跟风

有些女人平时舍不得吃，舍不得穿，把自己积攒多年的血汗钱、糊口钱、养命钱一股脑儿塞进股市，然而万万没有想到，刚入市即被深套，只好眼睁睁地看着自己心爱的股票往火坑里跳，自己却无能为力，只觉得食而无味，睡而辗转，终日惶惶，神经兮兮。

“股市有风险，入市需谨慎”，这是介入股市的投资者都知道的一句话。然而当投资者回头看“电梯升降，上天入地”的历程时，所经历的风险还真的是常常和“盲目跟风”紧紧相连。

大多数的投资者喜欢一哄而上，如早些年股市比较好，使得不少百姓把所有的资金都投资于股市，而不理会风险。随着市场的低迷才发现风险极大，可惜为时已晚。

股市被动地受诸多复杂因素的影响，其中股民的跟风心理对股市影响甚大。有的投资人，看见他人纷纷购进某股票时，也深恐落后，在不了解股市和上市公司经营业绩的情况下，也买入自己并不了解的股票；看到别人抛售某家公司的股票，也不问他人抛售的理由，就糊里糊涂地抛售自己手中后市潜力很好的股票。有时谣言四起，由于羊群心理（跟风心理）作怪，致使股市掀起波澜，一旦群体跟风抛售，市场供求失衡，供大于求，股市便会一落千丈。这样往往会上那些在股市上兴风作浪的用意不良的人的当，而后悔莫及。因此，投资者要确定自己买卖股票的思路，不能跟着别人的意志走。

小张是某公司的业务员，月收入5 000元。在一次同学聚会上，一个炒股发了大财的同学劝她也买上几只股票试试。于是小张就把好不容易积攒的50 000元买了一只前景看好的股票。

第一年的股市行情比较平稳，小张轻松地赚了5 000元，她准备在第二年再接再厉。凑巧的是，第二年小张买的这只股突然上涨，一天之中几近涨停，有很多股民跟风购买这只股，小张欣喜若狂，她没有急于卖出手中的股票，还准备再买入一万元的股票，以图大赚。

这时小张的同学打电话给小张，告诉她不要盲目跟风，并说这种现象很可能是有幕后庄家在操纵这只股，但是财迷心窍的小张没有听从同学的劝告，又买了一万元的股票。没过几天，股指大盘下跌，小张一下赔了30 000元。

看着网上众多股民的咒骂和悔恨，小张捶胸顿足、悔不当初。其实，只要小张稍作思考，就能理性投资，就能避免跟风给自己带来的亏损。

由此可见，在炒股中跟风追涨是一种错误的想法，那么，当股市上出现跟风追涨这种现象时，我们应该怎么做呢？

最重要的是不急于购买或抛售股票。从众跟风是身处股海之中的股民的普遍心态，跟风往往会让他们损失惨重。要充分了解所买股票的情况，不了解一只股，却急着购买，或在他人鼓动之下购买，虽然也会有“不小心”获利的可能，可是损失的概率更高。所以股民在面临股市跟风时，一定要了解自己所买股票公司的基本情况之后再决定是否跟风。

有人学习股神巴菲特，买几个单只股票。的确，股神沃伦·巴菲特最著名的理论就是“要把鸡蛋放在一个篮子里”，但前提是一定要看准篮子。所以这个理论是有局限的，因为要挑个没有被发现的好篮子——很难。也许只有他能挑准。如果大家都挑准了，根据供求理论，篮子的价格也抬上去了，不是吗？

发现价值大大被低估而且风险又小的股票很难——在钱面前，没有人是傻子；市场往往比我们想象的有效率，低估的股票往往有很大的风险。正因为这样的公司风险高，很多人不相信这些公司未来能盈利，所以股票的价值才会被低估。

所以要发掘有潜力的股票，必须要有准确的预测能力，甚至包括对内部管理人员素质能力的了解等——因为在这种情况下，你的远见卓识是你化解风险的唯一办法。

要想不跟风，有主见，就必须克服自身的依赖性和惰性。

不论哪个行业哪个人，要想“发财致富”，背后都付出了

“流汗、流泪、流血”的成本。但又有多少股民“头悬梁、锥刺股”地学习过股票知识呢？至于与股市相关的经济、金融知识更是一无所知。所以，要想靠炒股发财致富，就必须克服贪图享乐、不思进取的惰性，必须比常人付出百倍的精力去学习，钻研股市的各种政策、知识、技巧等。俗话说一分耕耘，一分收获；种瓜得瓜，种豆得豆。

股市是一个高风险的市场，也是一个在其中需要经年累月摸爬滚打的场所。既然来到了股市，就应该安下心来，一点一点地学，一招一式地练。

炒股大师都是特立独行不跟风的，他们往往带领风向。这其中包含了这样一个通俗的经济学原理：如果大家都嚷嚷一个东西便宜，那么等你去买的时候，这个东西一定已经不便宜甚至已经被炒高价了；获利最多的是最初买进的人，其次是紧跟着买进尝到一些甜头就开始嚷嚷的人。

一句话：被普遍发现的好篮子一定是贵篮子。所以要学沃伦·巴菲特，就一定要比别人快，不要跟风，而要别人跟你！

炒股要有所选择有所放弃

不少女性朋友在精研各种技术图形，了解上市公司的基本面后，投资成绩仍不理想，其原因多种多样，其中之一是不会在恰当的时机舍弃，心中之结总也解不开。

古希腊的佛里几亚国王葛第士以非常奇妙的方法，在战车的轭上打了一串结。他预言：谁能打开这个结，就可征服亚洲。一直到公元前334年，仍没有一个人能够成功地将绳结打开。这时，亚历山大率军入侵小亚细亚，他来到葛第士绳结前，不加考虑，便拔剑砍断了绳结。后来，他果然一举占领了比希腊大50倍的波斯帝国。

一个孩子在山里割草，被毒蛇咬伤了脚趾。孩子疼痛难忍，而医院在远处的小镇上。孩子毫不犹豫地用镰刀割断了受伤的脚趾，然后，忍着剧痛艰难地走到医院。虽然缺少了一个脚趾，但孩子以暂时的疼痛保全了自己的生命。

亚历山大果断地剑砍绳结，说明他舍弃了传统的思维方式；

小孩子果断地舍弃脚趾，以短痛换取了生命。在某个特定的时期，你只有敢于舍弃，才有机会获取更长远的利益，即使难以避免遭受挫折，你也要选择最佳的失败方式。

很多女性朋友都遭受过套牢之苦。哪怕当时有一万个理由支持你去买某只股票，但常常被市场中不是理由的理由弄得美梦落空。处于股市的复杂环境下，一旦被套住，大多数人都会采取守仓之策，虽然守住不动总有解套之日，但若一年两年五年都解不了套，资金的快速流动和增值就是一句空话。守仓是一策，但不一定是上策。

股市成功者往往只是一年抓住了一两次被别的股民忽视的机遇，而机遇的获取，关键在于你是否能够在投资的道路上进行果断的取舍。因而进入股票市场后，大多数女性的资金都不会闲置，很多女性的资金不是投资在这只股票上就是被套在另一只股票上。可见，学会化解心中之结，学会舍弃，有时要比学会技术分析更重要。

了解外汇知识很重要

对于外汇，许多女性朋友都觉得很陌生，认为自己不出国根本就不需要了解它。其实，这完全是一种误解。外汇作为一种投资工具，正在走进并改变着我们的生活，即使不出国，女人也应该了解一点外汇知识。

外汇的动态概念，是指把一个国家的货币兑换成另外一个国家的货币，借以清偿国际债权、债务关系的一种专门性的经营活动。它是国际汇兑的简称。

外汇的静态概念，是指以外国货币表示的可用于国际之间结算的支付手段。国际货币基金组织的解释为："外汇是货币行政当局（中央银行、货币管理机构、外汇平准基金组织和财政部）以银行存款、财政部国库券、长短期政府债券等形式保有的、在国际收支逆差时可以使用的债权。"按照我国1997年1月修正颁发的《外汇管理条例》规定：外汇，是指下列以外币表示的可以用作国际清偿的支付手段和资产。

外国货币，包括纸币、铸币；

外币支付凭证，包括票据、银行存款凭证、公司债券、股票等；

外币有价证券，包括政府债券、公司债券、股票等；

其他外汇资产。

人们通常所说的外汇，一般都是就其静态意义而言的。

1. 外汇的分类

外汇有多种分类法，按其能否自由兑换，可分为自由和记账外汇；按其来源和用途，可分为贸易外汇和非贸易外汇；按其买卖的交割期，可分为即期外汇和远期外汇。在我国外汇银行业务中，还经常要区分外币现汇和现钞。

外币现钞是指外国钞票、铸币。外币现钞主要由境外携入。

外币现汇是指其实体在货币发行国本土银行的存款账户中的自由外汇。所谓自由外汇，是指在国际金融市场上可以自由买卖，在国际结算中广泛使用，在国际上可以得到偿还，并可以自由兑换其他国家货币的外汇。外币现汇主要由境外汇入，或由境外携入、寄入的外币票据，经银行托收，收妥后存入。

各种外汇的标的物，一般只有转化为货币发行国本土的银行的存款账户中的存款货币，即现汇后，才能进行实际上的对外国际结算。

外国钞票不一定都是外汇。外国钞票是否称为外汇，首先要看它能否自由兑换，或者说这种钞票能否重新回流到它的国家，而且可以不受限制地存入该国的一家商业银行的普通账户上去。而且需要时可以任意转账，才能称之为外汇。

2. 外汇的作用

促进国际经济、贸易的发展。用外汇清偿国际债权债务，不仅能节省运送现金的费用，降低风险，缩短支付时间，加速资金周转，更重要的，是运用这种信用工具，可以扩大国际的信用交往，拓宽融资渠道，促进国际经贸的发展。

调剂国际资金余缺。世界经济发展的不平衡导致了资金配置的不平衡。有的国家资金相对过剩，有的国家资金严重短缺，客观上存在着调剂资金余缺的必要。而外汇充当国际的支付手段，通过国际信贷和投资途径，可以调剂资金余缺促进各国经济的均衡发展。

外汇是一个国家国际储备的重要组成部分，也是清偿国际债务的主要支付手段。它跟国家的黄金储备一样，作为国家的储备资产，一旦国际收支发生逆差时可以用来清偿债务。

女人的外汇买卖指南

女人若想利用外汇来进行买卖业务，要先了解外汇买卖指南。

1.保值

个人外汇买卖的基本目的首先应该是保值。

外币买卖存在外币资产的保值问题。如果你的外币资产美元比重较大，为了防止美元下跌带来的损失，可以卖出一部分美元，买入日元、马克等其他外币，避免外汇风险。如果你想出国留学，现在就可以着手调整你所持有的外汇，避免所需外汇贬值的风险。例如你要去英国念书，但手中持有的是美元，那么你可以趁英镑下跌之际买入英镑，以防今后需要之时因英镑上涨给换汇带来损失。

存在外币兑人民币的保值问题。举例说明，如果你有100万日元，9月16日国际市场1美元兑104日元，中国银行的现汇买入价为100日元兑7.8948人民币，即100万日元可兑78 948元人民币。如果国际外汇市场日元兑美元汇率下跌，中国银行挂牌价日元兑人民币汇率也将下调，100万日元所合的人民币就会减少，日元存款就会亏损。因此，此时将日元兑换成美元比较合适。由于美元兑人民币相对稳定，以人民币计价的美元存款也将保持稳定，从而达到保值的目的。

2. 套利

如果你现在持有100万日元，想在银行存一年，千万不要这么做！现在日元一年期存款利率仅为0.0215%，也就是说一年之后，你仅能获得215日元的利息，这顶多也就是2美元，或者说，不到20元人民币而已！但是，如果你通过个人外汇买卖业务把日元兑换成利率较高的英镑或美元，情况就大不一样了！我们以美元为例，帮你算一算。假设你在美元兑日元的汇率为108时将100万日元买成9 260美元，而美元一年期存款利率为4.4375%，一年之后可得利息410.9125美元，本金合计9 670.9125美元，假设汇率未变，这相当于1 044 458.55日元，比把日元存上一年多赚44 243.55日元，相当于410美元，或约3 000多元人民币。

3. 套汇

套汇的基本原则是低买高卖。假如你持有1万美元，在美元兑马克升至1.90时买入19 000马克，在美元兑马克跌至1.82时卖出所得马克，买回10 440美元，这样一来可以赚取440美元的汇差收益。而最近以来，外汇市场起起落落，涨跌频繁，给套汇赚取汇差提供了非常有利的机会。例如你在日元以1美元兑124日元涨至105日元时，你持有1万美元，当时以124日元的价格买入124

万日元，今天再以105日元的价格卖出，将得到11 810美元，净赚1 810美元。

4. 套汇和套利，哪个划算

如果你在交通银行进行外汇买卖的话，一段时间内，没有用账户内的资金进行交易，此时银行按定期存款付利息。在上面的例子中，从5月份你买了日元以后到9月份卖出日元，按日元三个月定期存款利率0.0188%计算，应得日元利息1 240 000×0.0188%/4＝58.28日元（不到1美元，忽略不计）。这时你要想一想，如果你放着这笔美元不做日元的买卖，按美元三个月定期存款利率4.1250%计算，可得美元利息10 000×4.1250%/4=103.125美元。如果汇率变动过小，比如今天的日元汇价仅涨至120日元，你卖出124万日元，仅可得10 333美元。

如果做日元买卖，在利息方面（比起不做日元买卖的情况）会损失约103美元，在汇差方面会赚取333美元；而不做日元买卖，在利息方面可赚取103.125美元。因此二者对比看来，做日元买卖虽仍有盈利，但收益率就很低了。所以在汇率波动过小而利率差别又很大的情况下，套汇的收益相对较低。

投资黄金，成为金女人

黄金，一听就是一个高贵的词。谁不希望自己家里藏着一箱子黄金呢！如今很多有理财头脑的女性朋友都知道，黄金不仅仅是女性最喜爱的饰物，也是适合女性投资的品种之一。

正是因为黄金的贵重以及投资的优势，很多女性朋友都热衷于“炒黄金”，而且，通过黄金投资赚到不少银子，即使赚不到钱，黄金也可以保值，帮助家庭抵御通货膨胀，抵御金融危机。

王佳就是在2004年的时候，把自己更多的时间和精力放在了金银币投资上。那时，她通过分析认为，当时的股市低迷、基金乏力，也许投资金银币是个不错的选择。

后来，做了几年金币收藏的王佳有了一个根深蒂固的观念，“不管价格怎么样，黄金永远也是黄金。”奥运会之后的一段时间，黄金的价格水涨船高，王佳也在黄金的投资中获益不少，这让她说起黄金就兴奋。

在选择投资黄金时，王佳和很多其他的女性朋友一样，都选择了金币作为投资对象。金币的基础材料就是黄金，比黄金本身还贵出了手工费、艺术感，无论怎么贬值，其价值都不可能低于市场上黄金的价格。黄金本身又是硬通货，有保值的作用。

在收藏品投资领域，一直有这么一句话：只要时间耗得起，总归还是会升值的。这句话对金银币投资也同样成立，因为黄金本身是稀有金属，物以稀为贵。而且，市场上每次投放的金银币量都是受到控制的，一段时间后想买的人即使有钱，也不一定能买到。

收藏黄金一方面除了能够做投资，让它升值外，另一方面还有一个很重要的作用，那就是抵御通货膨胀。在通货膨胀时，最不好过的就是家庭主妇了，因为什么东西都在涨价，只有工资没有涨，这时候家里日渐涨起来的开支往往让主妇们头疼。而投资实物黄金是一个非常好的抵御通货膨胀的方法，因为黄金具有抵抗通货膨胀的长期保值功能。黄金的长期保值性就在于：等量的黄金可以换到等量的商品或服务，可以抵御通货膨胀带来的币值变动和物价上涨的影响。以英国著名的裁缝街萨维尔罗街的历史来看，两百多年来，这条长约300米的小街上，一套量身定制的高档西装的制作价格，折算成黄金，基本稳定在五六盎司，这是黄金购买力在一个很长时期里保持稳定的明证。也就是说，无论商品的价格怎么变，其对黄金的相对价格都是基本固定的。

当然了，很多人一听到购买黄金有这么多的好处，就一哄而上，疯狂地购买。殊不知这样其实并不好，购买黄金，需要根据各自不同的情况量力而行，而且，还需要保持好的心态。一般来说，黄金的平均价格每年都保持在15%以上的涨幅，收益比较稳定。不过，想要投资而不是消费黄金的女性朋友们要注意，尽量不要买饰品来投资，饰品的价格要远远高于金条的价格，不划算。想要通过黄金投资理财者，最好选择可回购的实物金条。

最后，还是需要提醒一下，不同家庭的黄金投资计划是不同的。所以，作为家里“掌金大人”的女人们，不要和别人攀比而盲目投资，而要根据自己的实际情况来合理投资黄金。

生活富足的“阔太太”适合投资实物金。这类女性朋友们可大胆地将投资资产的15%进行黄金投资，对冲目前理财市场上存在的风险。

年轻的妈妈们则可以少量投资黄金为孩子准备教育资金。该阶段的女性承受着工作和照顾孩子的双重压力，没有太多精力关注投资，但当有跟小宝宝有关的实物金推出时，适当关注一下，既放松了心情，又为孩子积累了财富。未婚或者是刚刚新婚的女性朋友们，也适合定期购买金条。

投资黄金的4个技巧

女性朋友要想在投资黄金上有所收获，就要掌握一定的投资黄金的技巧，做好知识储备。投资黄金有下面一些技巧：

1. 知识储备

对于投资黄金者来说，知识储备是十分重要的一个素质。只有具备了丰富的知识储备，你才可以放心地去投资黄金。

黄金市场的开放程度介于外汇和股票之间，炒金者既不能像外汇理财者那样一心往外看、主要关注国际政治经济形势，也不能像炒股者那样两耳不闻窗外事、只关心国内金融市场；炒金者必须关注国际与国内金融市场两方面对于金价的影响因素，尤其是美元的汇率变动以及开放中的国内黄金市场对于炒金政策的变革性规定。

2. 做好心理准备

对于投资黄金者来说，除了知识储备，一定的心理准备也是必需的。因为投资市场不是风平浪静的，也会有一些风浪来历练我们。

黄金虽为保值避险类理财工具，但既是投资理财工具，就有一定的风险，所以个人炒金者同样应该做好心理准备，即投资获利与风险的预期。在国际市场上，金价的变动像大海上翻滚不定的波浪，它的起伏左右着我们的情绪和理财的决策。只有那些心理强健、跳出自我、在浪尖上舞蹈的人，才是炒金的赢家，才是金融市场上的赢家。

3. 慎选投资的黄金品种

选择所投资的黄金品种是至关重要的，因为不同品种的黄金理财工具，其风险、收益也是不同的。投资黄金主要分为实物交割的实金买卖和非实物交割的黄金凭证式买卖两种类型。实物黄金的买卖要支付保管费和检验费等，成本略高；黄金凭证式买卖俗称“纸黄金”，其交易形式类似于股票、期货这类虚拟价值的理财工具，炒金者须明确交易时间、交易方式和交易细则。实物黄金也分为很多种类，不同种类的黄金，其投资技巧也是不同的。

纪念性质的金条、金块，有些类似文物或纪念品，其溢价幅度比较高，而投资加工费用低廉的金条和金块可享受较好的变现性；投资纯金币的选择余地较大，兑现方便，但保管难度大；也可以投资在二级市场溢价通常较高的金银纪念币。根据爱好，个人亦可选择投资金饰品，但金饰品加上征税、制造商、批发零售商的利润，价格要超出金价许多。而且，金饰品在日常生活的使用中会产生磨损，从而消耗其价值。在选择黄金投资品种时，不同品种的这些优缺点和差异性都应当着重考虑。

4. 因人而异

投资理财应密切结合自身的财务状况和理财风格。个人炒金的目的需要明确：你投资黄金，意图是在短期内赚取差价呢，还是作为个人综合理财中风险较低的组成部分，意在对冲风险并长期保值、增值呢？对于大多数非专业炒金者而言，后一目的的人占了大多数，所以用中长线眼光去炒作黄金可能更为合适。应看准金价的趋势，选择一个合适的买入点进入金市，做中长线投资。

当然，不同状况的理财者有不同的选择。闲钱较多的大富人家可以选择投资实物黄金，充分利用实物黄金的保值和避险功能，为个人家庭做好黄金储备。而热衷于在金融市场上杀进杀出、投资获利的理财者可以选择黄金凭证式买卖。如果这类理财者能够较好地把握股市，那么将类似的技巧挪到金市上来，再花上一定的时间和精力去关注、分析国际经济政治形势，就可以大胆进入纸黄金的交易市场了。熟悉邮品市场或收藏品市场的中老年投资者即艺术性理财者可以投资金银纪念币，其溢价程度和行情走势类似于邮品。爱好珠宝首饰的女性投资者可选择投资金饰品，在把玩奢侈品的同时也能达到理财的目的。